AF223519

EXPOSITION UNIVERSELLE DE 1889

Comité départemental du Rhône

LYON

en 1889

INTRODUCTION AU RAPPORT

DE LA

SECTION D'ÉCONOMIE SOCIALE

PAR

Ed. AYNARD

LYON

IMPRIMERIE MOUGIN-RUSAND

3, Rue Stella, 3

1889

LYON EN 1889

EXPOSITION UNIVERSELLE DE 1889
Comité départemental du Rhône

LYON

en 1889

INTRODUCTION AU RAPPORT

DE LA

SECTION D'ÉCONOMIE SOCIALE

PAR

Ed. AYNARD

LYON
IMPRIMERIE MOUGIN-RUSAND
3, Rue Stella, 3

1889

LYON EN 1889

* *
*

'EST à bon droit qu'on s'efforce de compléter le sens de ces grandes revues du travail humain qui s'appellent des Expositions, par des recherches sur les conditions générales dans lesquelles ce travail s'accomplit. Tel est le but de l'Exposition particulière d'Économie sociale. Si la vue du produit est belle ou intéressante, il est non moins digne d'intérêt de savoir en vertu de quelle organisation il a été obtenu; de rechercher si cette organisation est bonne ou mauvaise, et si les vices ou les accidents qui accompagnent toute œuvre humaine, sont rachetés ou atténués, dans le monde infini du travail, par des institutions témoignant d'une préoccupation profonde de l'état des plus faibles et des plus souffrants. Jamais étude n'aura été plus à sa place, que dans une Exposition destinée à célébrer le centenaire de 1789; au moment où les uns accusent la Révolution française d'avoir transformé notre société de fond en comble, et où les autres lui reprochent amèrement de n'avoir pas tenu ses promesses d'amélioration du sort populaire.

Peut-être oublie-t-on des deux côtés que la révolution scientifique qui s'est opérée au XIXe siècle, a plus agi sur les conditions du travail que la révolution politique. Quoi qu'il en soit, il demeure plus important que jamais, tout en admirant les résultats de notre labeur, de découvrir à quel prix ils ont été obtenus. C'est pour ainsi dire l'inventaire moral qui est à dresser à côté de l'inventaire matériel; chacun dans nos provinces, nous avons dû en préparer les éléments. Nous nous sommes efforcés de le faire à Lyon, avec un succès moindre sur divers points que nous ne l'eussions souhaité; parce que nos compatriotes n'aiment pas à faire connaître leurs affaires, et surtout à montrer le bien qu'ils font. En raison de cette insuffisance, et pour l'intelligence même des travaux et des documents que nous avons pu réunir et envoyer à l'Exposition d'Économie sociale, il nous a semblé utile de les faire précéder d'un court essai de monographie lyonnaise, sorte de commentaire, qui pourra aider à en découvrir la véritable signification.

Les questions s'engendrent les unes les autres; il serait difficile, surtout lorsqu'il s'agit d'apprécier l'état social et économique d'une ville dont la grandeur remonte à dix-neuf siècles, de ne pas retracer quelques traits de son esprit et de son caractère. Sur notre vieille terre lyonnaise, ce n'est point seulement par des constatations officielles, des statistiques, des comparaisons, et des chiffres qu'on peut bien juger de notre condition générale. Outre l'état matériel, il faut étudier l'état moral qui procède des traditions, des anciennes mœurs; il faut respirer l'air ambiant, consulter la nature et le génie du lieu. En appelant, au reste, par quelques brèves paroles, l'attention sur l'esprit lyonnais et ses éléments de formation, on goûtera peut-être l'attrait d'une nouveauté, car jusqu'à présent, rien n'a été plus indéterminé.

Il est à remarquer que le type lyonnais n'a point encore été entrevu, ni par le théâtre, ni par la littérature, ni par l'opinion vulgaire, ou même par le préjugé courant. Tout le monde a une idée faite, ou acceptée, sur ce qu'est le Normand, le Gascon, l'Auvergnat, le Breton, le Picard, le Bourguignon ou le Marseillais. On perçoit même un sentiment vague de cet être complexe qui s'appelle le Parisien, quoique M. Alexandre Dumas fils ait prétendu que « Dieu a créé le Parisien pour que l'étranger ne sût jamais à quoi s'en tenir sur le Français », mais l'homme de Lyon, où retrouver ses traits? On ne le met point à la scène, on ne l'y berne pas, on l'ignore. C'est un être non pénétré, qu'on prend au sérieux, mais qui inquiète comme l'inconnu; il faut convenir qu'il n'attire pas, parce qu'il ne se livre pas. Bien des gens seraient disposés à émettre ce jugement sommaire : Lyon, la ville de la soierie et des émeutes. Les écrivains nombreux qui ont parlé de Lyon, n'ont point fait d'observations assez prolongées pour le deviner. Louis Blanc, dans son *Histoire de dix ans*, n'a parlé de Lyon qu'animé par l'esprit de parti le plus violent; Lamartine, dans *les Girondins*, ne veut y voir qu'un coin de république commerçante, d'importation italienne; Michel Chevalier et Louis Reybaud se bornent à bien apprécier notre industrie et notre classe des tisseurs; Sainte-Beuve (1) forme des jugements d'une fausseté charmante sur nos femmes lyonnaises, réservées et charitables, dans lesquelles il ne voit que des Louise Labbé ou des Récamier; M. Émile Montégut (2) fait de Lyon, de sa nature et

(1) *Portraits contemporains*, tome V. (2) *Impressions de voyage et d'art. Souvenirs du Lyonnais et du Forez.*

de ses habitants, des descriptions aussi remplies de talent que d'inexactitudes; Alphonse Daudet (1) nous a maudits parce qu'il a passé son enfance, perdu dans nos brouillards; Edgar Quinet (2), dans son discours d'ouverture de cours à la Faculté des Lettres de Lyon, apprécie notre ville en des termes de grande noblesse et de rare pénétration; Renan (3) découvre bien nos origines spirituelles; mais c'est Michelet (4) seul, qui par sa divination poétique, a pénétré en partie notre secret, en résumant Lyon dans la grande opposition de ses deux montagnes : la montagne mystique et la montagne qui travaille; Fourvière et la Croix-Rousse.

C'est bien là notre image; le mysticisme et l'activité coexistent, luttent et vivent ensemble ici : dans Lyon et le Lyonnais tout est opposition. La nature dans ses effets n'y est pas égale, l'homme ne s'y montre pas seulement variable comme partout, il y est plutôt fait de violents contrastes.

Un écrivain délicat (5) a émis cette considération un peu bouddhique, que le paysage est un état de l'âme. Peut-être faudrait-il se borner à dire que, selon les dispositions de notre âme, le paysage apparaît différemment et que le ciel bleu peut sembler un nouvel outrage à une âme triste; mais pour ce qui regarde Lyon, on peut dire que sa nature est à l'unisson de son esprit. Lyon vit sous un ciel ou très sombre ou très radieux; son climat est dans les extrêmes. Assis à la porte du midi, il est enveloppé de ses brouillards légendaires pendant une partie de l'année; lorsque le soleil brille, c'est avec une ardeur plus intense que dans beaucoup de régions méridio-

(1) *Le Petit Chose.* (2) *10 avril 1839.* (3) *Marc-Aurèle et la fin du monde antique. L'Église chrétienne.* (4) *Le Banquet.*
(5) *Amiel.*

nales. La cité proprement dite se trouve resserrée dans une étroite presqu'île, entre deux cours d'eau qui sont d'allure contraire; la Saône fainéante, *mollis Arar,* semble à peine trouver la force de s'unir au Rhône, fleuve de vertige et de désordre, qui reste jusqu'au bout de sa course un torrent agrandi.

La ville, dominant le beau spectacle du confluent, se développe dans une situation merveilleuse qui rappelle celle d'Edimbourg avec plus d'ampleur. L'antique cité romaine est peu à peu descendue de la montagne; elle s'installe au moyen âge au pied de Fourvière, passe la Saône à la Renaissance, et s'arrange à vivre dans la presqu'île jusqu'à la fin du xviiie siècle. A la veille de la Révolution, elle franchit le Rhône et y établit une ville nouvelle, marchant à l'est, contrairement à ce qui est observé pour toutes les grandes cités.

L'aspect de ses constructions est sombre et colossal. La ville principale, trop étreinte par sa ceinture d'eau, a dû se bâtir en hauteur, mais depuis qu'elle peut s'épandre dans la plaine du Dauphiné qui paraît sans confins, ce goût pour les maisons trop élevées, rapprochant du ciel mais absorbant la lumière, a persisté. Dans le relief du paysage lyonnais, on distingue deux masses placées front contre front. Ce sont celles qui ont frappé l'imagination de Michelet; la colline de Fourvière, avec la cathédrale gothique à sa base et la basilique de la Vierge à son faîte, vraie pyramide de couvents, de séminaires et d'hospices, forme comme un grand décor religieux toujours étalé aux yeux de la ville basse; elle regarde l'autre colline, celle de la Croix-Rousse, qui apparaît surchargée de ses ruches industrielles, dont quelques-unes ont neuf étages et des centaines de fenêtres.

Dans ce milieu vit le Lyonnais, qui semble une race du nord égarée dans le sud, race de travailleurs pensifs qui, tout en portant haut ses regards, s'entend à exploiter la terre. Le Lyonnais s'agite dans les contraires, c'est pourquoi il paraît énigmatique. Tout se heurte en lui. Il est actif et contemplatif; c'est un mystique intermittent, secoué par le rude travail; il est mélancolique et crée Guignol, ce maître railleur plus profond que Polichinelle ; envieux et compatissant, prenant autant de soin d'empêcher ses semblables de mourir que de grandir, très intéressé et probe, de cœur chaud et d'aspect froid, aspirant très haut, osant parfois beaucoup et se résignant facilement à la médiocrité obscure, le Lyonnais entrevoit, rêve les grandes choses, se met en marche pour les atteindre, et s'arrête. C'est un inachevé. Rien ne se complète ici, ni les monuments, ni les idées. C'est la cité du rêve et du réel, du chrétien austère, du visionnaire et du sectaire, de la folie soudaine et de la raison coutumière. En religion, Lyon est ardemment janséniste au xviiie siècle, puis il se partage entre l'ultramontanisme et la négation fanatique ; il fournira de nombreux adeptes au spiritisme (1) et à l'athéisme. Tous illuminent pour la fête de l'Immaculée-Conception et la municipalité a pu briser sans révolte les croix des places publiques et des cimetières. C'est Lyon qui a créé la *Propagation de la Foi* et parsemé le monde de ses missionnaires; l'esprit contraire s'y révèle en ce que notre démocratie, raisonnable à tant d'égards, ne devient aveugle que lorsqu'il s'agit de questions religieuses. C'est la ville couverte d'institutions de bienfaisance qui semble

(1) Cagliostro eut un temple à Lyon vers la fin du dernier siècle.

(Renan, *l'Église chrétienne*.)

allier dans la charité la douceur infinie (1) du chancelier
Gerson qui a enseigné et est mort chez nous, au socialisme
pieux de Valdo et des « pauvres de Lyon », aux méthodes
pratiques de saint Vincent de Paul. C'est en même temps le
lieu où la fortune discrète est assise sur une âpre économie.
En politique, mêmes contradictions ; notre histoire est toute
de soumission et de révoltes. Le vieux Lyon conquiert dès le
xiiie siècle sa liberté sur ses archevêques, mais il garde
quelques-uns des caractères d'une propriété ecclésiastique ; il
n'a jamais été possédé par aucun seigneur ; il n'a connu ni
gens de robe, ni gens d'épée, ni Parlement, ni chevaliers ;
point de noblesse, si ce n'est la noblesse municipale de l'éche-
vinage. C'est pourquoi l'on a pu dire chez nous, avec ironie
comme avec vérité, que nos véritables gentilshommes descen-
daient de la Croix-Rousse.

Le commerce énorme auquel se livrait Lyon au moyen âge
en faisait une place internationale, et comme une ville de la
Hanse. Lyon était constamment pénétré par les étrangers
qui y jouissaient de priviléges considérables ; groupés en
« nations », ils avaient la licence d'entretenir des gardes ; des
maisons déjà souveraines en Italie, les Médicis et les Sforza,
avaient établi chez nous des banques puissantes aux xve et
xvie siècles. Dans ce singulier état, Lyon reste très fidèle à ses
rois, et cependant parait comme une enclave de petite république municipale dans la monarchie française. Ainsi que tous
les autres pouvoirs intermédiaires, l'indépendance lyonnaise

(1) M. Montégut a observé que dans les inscriptions antiques de Lyon, les épithètes
sont de nuance religieuse ou de sentiments de douceur morale, au lieu des : *époux
incomparables et très chères épouses* des inscriptions romaines habituelles, ce ne sont à Lyon
que *pieux époux, épouses saintes, filles très pieuses.*

est abattue sous Richelieu ; mais cet ancien esprit, à la fois loyal et particulariste, se réveille sous la Convention. Lyon risque son existence dans un siège héroïque, il lutte, non point pour la monarchie et contre la France, mais contre les Jacobins. Précy et les officiers royalistes qui commandent, ne sont que des épées empruntées pour la défense. Dans notre siècle, passant toujours du repos complet à l'agitation violente, Lyon se révolte en 1831 et 1834 ; l'insurrection menace encore d'éclater en 1848 ; il se vante d'avoir proclamé la République au 4 septembre, avant Paris ; il ébauche un plan de Commune et de Fédération du Midi, qui est déjoué par l'héroïsme du préfet Valentin ; puis tout se calme et depuis dix-huit ans. nous n'avons connu que l'ordre ininterrompu. Les esprits paraissent plus raisonnables que dans d'autres grandes villes ; la presse révolutionnaire n'a pu trouver jusqu'à présent une clientèle pour la faire vivre, et tout cela ne garantit point la paix sociale du lendemain.

Il en est de même dans nos affaires ; on ne connaît que la sagesse rasant la terre, ou bien l'audace allant parfois jusqu'à la déraison. L'ordre et la prévoyance, un bon sens un peu plat, sont les maîtres ordinaires des affaires lyonnaises. Il n'en est pas moins vrai que c'est à Lyon que l'illustre Marc Seguin a trouvé les collaborateurs et les capitaux pour faire le premier chemin de fer français et les premiers ponts suspendus ; que c'est l'argent et le travail lyonnais qui ont exploité le bassin houiller de la Loire et participé à la création de sa grande métallurgie ; développé des premiers l'industrie du gaz d'éclairage ; cultivé et desséché les Dombes ; créé le port de Saint-Louis ; qui ont fourni de nombreux explorateurs, qui ont été les pionniers de l'Algérie, les chauds partisans du canal de

Suez, qui ont enlevé à la toute-puissance de Londres le marché des soies de la Chine et du Japon, qui, récemment, achetaient et mettaient en valeur de nombreuses propriétés en Tunisie et fondaient au Tonkin la première entreprise importante : la Société des Docks d'Haïphong. Mais à tous ces actes de louable hardiesse, il faut ajouter ceux de la folie spéculative qui vient parfois s'abattre sur tous. On pourrait en citer d'étranges exemples : vers 1857, une machine dite Pascal, du nom de l'inventeur, devait réaliser des merveilles, ses actions de 500 francs, que des hommes d'affaires graves, se sont passées de mains en mains, ont valu 18,000 francs. Il y a quelques années, un aventurier décora du nom de simili-soie un textile commun qu'un agent chimique mystérieux devait transformer en soie ; une Société s'est formée, entre chefs de grandes industries, pour réaliser ce miracle ; nous avons vu s'ébaucher une autre Société pour la transmutation des métaux. En 1876, un mouvement de folie faisait monter la soie de 100 % ; en 1881, des entreprises trop connues, dans lesquelles la finance ne se séparait pas d'une dévotion spéciale, avaient changé Lyon en une vaste rue Quincampoix, où toutes les classes de la société se ruaient au jeu ; nous y avons couru le risque le plus sérieux d'y laisser l'honneur et la fortune. Les affaires n'en sont pas moins parfaitement rétablies ; et Lyon conserve la réputation, méritée et incontestée, d'être l'une des places commerciales les plus solides du monde. Seulement sa sagesse habituelle lui semble de temps à autre trop lourde à porter, et il se met au régime de l'excès accidentel recommandé par Hippocrate.

Sur les hauts sommets de l'esprit lyonnais, les mêmes contrastes s'observent. Avant la Révolution aucun nom illustre ne se détache de notre histoire ; il semble que la grandeur véritable de Lyon soit une œuvre anonyme, collective et non individuelle ; que dans cette sorte de congrégation municipale, chacun y ait travaillé obscurément pour la gloire de la communauté (1). Mais dans ce siècle, où l'on ne dédaigne point de se mettre en lumière, nous connaissons ceux qui ont illustré le nom lyonnais. Est-il bien difficile de découvrir ces courants contraires de vague et grandiose rêverie, puis d'activité et de précision, dans nos poètes, nos philosophes, nos hommes de guerre, nos savants et nos artistes ? Il est frappant, qu'Ampère, Ballanche et Laprade, Soulary et Jean Tisseur ; J.-B. Say, Camille Jordan et Gérando ; le maréchal Suchet ; Hippolyte Flandrin, Paul Chenavard, Puvis de Chavannes et Meissonier ; Pierre Dupont et Jacquard, représentent notre double esprit dans ses manifestations élevées. Est-il malaisé de retrouver notre goût pour les hautes spéculations et les rêves chez le grand Ampère qui ajoute à des découvertes immortelles, ces livres radieux de jeunesse, d'amour candide et de noble amitié qui s'appellent son *Journal* et sa *Correspondance* ; dans la *Palingénésie* du « doux » Ballanche et sa croyance au progrès indéfini ; dans *Psyché* et les *Poèmes évangéliques* de Laprade ; dans l'idéalisme de Chenavard qui retrace par le pinceau la philosophie de l'histoire avec d'autres clartés que celles de ses rivaux allemands, Cornelius et Kaulbach ; dans les compositions douces et grises d'Hippolyte Flandrin ; dans la poésie profonde et le noble naturalisme de Puvis de Chavannes ? Les autres tendances de l'esprit lyon-

(1) Lyon a montré souvent un grand peuple, rarement de grands hommes. (Lamartine, *les Girondins*, tome V, Édit. Furne, p. 277).

nais s'accusent en Suchet qui fait la guerre comme un Fabius Cunctator; qui, ses mémoires nous le disent, dresse chaque jour son compte d'avantages et de revers, comme le ferait un de nos négociants de ses profits et de ses pertes, qui est modéré, estime le vaincu, aime le soldat, et représente en un mot la raison militaire; en J.-B. Say, l'un des illustres maîtres de la science économique qui découvre avec tant de netteté les grandes lois des échanges; en Gérando pour qui la science est l'instrument de la bienfaisance; dans Camille Jordan, le bon sens et la probité en politique; dans Soulary, dont on peut rapprocher la perfection poétique de celle de Meissonier, deux maîtres de cet art minutieux que nous retrouverons chez le tisseur de soie; et jusque chez l'inégal Pierre Dupont, noble ou bas, doux ou révolté selon ses jours; enfin dans le bon Jacquard qui ne recherchait par sa grande découverte, qu'à diminuer les fatigues de l'ouvrier?

Après ces observations générales, nous procéderons à l'examen très sommaire de ce qui constitue l'organisme de notre grande ville de travail, de ce qui contribue directement ou indirectement à lui donner le mouvement et la vie. Les causes indirectes se trouvent : dans les affaires municipales, les institutions d'assistance et de prévoyance, les moyens généraux de transport et d'alimentation, les ressources en forces motrices et dans l'état de l'enseignement public à tous ses degrés. Nous parlerons ensuite de notre travail en lui-même, de sa constitution financière, de nos industries et commerces divers, et enfin de l'industrie capitale de Lyon, c'est-à-dire de la fabrique de soierie.

On comprend la réserve avec laquelle nous devons apprécier les affaires municipales de Lyon; notre Rapport se proposant de rendre justice à tout le monde, de signaler le bien social partout où il existe, et de s'affranchir de tout esprit de parti. Aussi n'entendons-nous parler des affaires de la ville, que dans leurs relations avec notre état économique. Au point de vue des engagements et des dettes, la situation financière de la ville est excellente; elle n'a point de dette flottante et n'a fait aucun emprunt depuis 1872, c'est-à-dire depuis dix-sept ans. Car on ne peut pas appeler emprunt, l'opération de conversion et d'unification de la dette, heureusement opérée en 1879, et qui était le contraire d'un emprunt, puisque par ce moyen on a pu à la fois réduire la dette et se procurer des disponibilités suffisantes pour écarter des emprunts nouveaux. C'est ainsi que malgré les lourdes charges que nous avait léguées les quelques mois d'administration désordonnée de 1870-71 et qu'il avait fallu régler par vingt millions environ d'augmentation de la dette, ces charges de la guerre ont été non seulement amorties, mais on a encore réduit le passif consolidé de la ville, qui s'élevait au 4 septembre 1870 à 68 millions, à 53 millions environ au 31 décembre 1889. C'est donc une diminution de 15 millions, bonne à noter pendant une période d'exagération générale de toutes les dépenses publiques. On n'en a pas moins exécuté durant les seize dernières années et sans emprunt, pour environ 40 millions de travaux extraordinaires, consistant surtout en constructions de Facultés et d'écoles, d'édifices publics divers, et en améliorations de voirie au bénéfice des quartiers les plus déshérités. Le point culminant de la prospérité financière de

la ville se fixe en 1880, alors que la Mairie centrale a été réta-
blie. A ce moment, sur un budget d'environ 16 millions, il
existait plus de 3 millions d'excédent de recettes assuré, sur
les dépenses nécessaires; c'est-à-dire qu'un cinquième du
budget pouvait être employé en travaux extraordinaires. Cette
magnifique réserve a été largement entamée, soit par des
dégrèvements intempestifs et inutiles, soit par une certaine
prodigalité, provenant surtout de dépenses scolaires excessives
et de la création de nouveaux emplois. On n'a pu appliquer
aux travaux extraordinaires pendant le dernier exercice clos,
c'est-à-dire en 1888, qu'une somme de 1,428,000 francs environ, soit la moitié moins qu'en 1880. La situation est encore
bonne, mais elle est sur les limites de l'insuffisance pour les
besoins d'une grande cité, et il ne serait pas étonnant qu'on
songeât à rouvrir le livre de notre dette, depuis si longtemps
fermé ; car il reste un certain nombre de travaux publics utiles
à exécuter. Trois grands ponts sur le Rhône sont à réédifier
en même temps; on n'a point fait de grandes opérations de
voirie depuis 1870; quelques trouées sur la rive droite de la
Saône et dans la presqu'île, paraissent indispensables pour
mettre en pleine valeur de riches quartiers, et surtout pour les
assainir.

Les impôts que nous payons, à titre municipal, sont assez
lourds puisqu'ils représentent environ 32 francs par tête; ils
ne constituent point cependant, par leur importance, une
entrave à la production. Il serait au reste facile à la municipalité d'y trouver des compensations, en s'appliquant à réduire le
prix des eaux et du gaz, qui atteint à Lyon des proportions
exorbitantes. Le gaz coûte 31 centimes 1/4 le mètre cube,
sans que la ville se soit réservé une participation dans les

3

bénéfices de la Compagnie principale (1). Dès 1880, on aurait pu réduire de 50 % le prix de l'eau en sachant accepter les concessions faites par la Compagnie privilégiée, et il serait facile de procurer de grands avantages à la génération présente en remaniant le traité de la Compagnie du Gaz, qui n'a plus qu'une courte durée (1903). Quoi qu'il en soit, l'avenir de la ville est assuré, pour peu qu'on observe une sagesse relative. Dans les premières années du xxᵉ siècle et dès 1913, la ville verra s'éteindre toutes ses dettes. S'il n'est pas donné au temps présent d'en jouir par anticipation, le retour au domaine municipal des concessions d'eau et de gaz pendant la même période, sera une cause de richesse budgétaire, ou d'économie pour l'avenir, selon les solutions qui seront adoptées.

Institutions de charité et de bienfaisance.

ON pourrait se dispenser de parler des questions de charité, de bienfaisance et d'assistance à Lyon, tant la belle réputation de notre ville est faite sur ce point. Le sentiment religieux, l'humanité, ou le simple goût de faire le bien, ont créé à Lyon des institutions sans nombre où sont soulagées les misères humaines; depuis le malade accidentel jusqu'aux incurables les plus repoussants, depuis l'enfant abandonné ou perverti, jusqu'au vieillard sans forces et sans ressources. Il y aurait tout un beau livre à faire sur la charité à Lyon; ce serait le recueil des vrais titres de noblesse de la vieille cité, et l'honneur de ce siècle généreux, qui, malgré ses agitations, restera grand parce qu'il a plus aimé qu'aucun autre l'humanité et la justice. Il nous est impossible assurément de comparer l'effort de la charité individuelle dans les diverses époques de notre

____

(1) Le traité de concession date de 1855.

histoire locale; cet effort a toujours été grand. Mais si l'on considère l'action de la bienfaisance, soit par l'application de quelques nouvelles lois et les contributions plus larges de la commune et du département, soit surtout par les ingéniosités multiples de l'initiative privée et de l'association charitable, il est facile de constater que le plus grand nombre des institutions de bienfaisance, en dehors des hôpitaux, datent de notre temps. A Lyon, sur nos centaines d'œuvres diverses, nous ne retrouvons guère que l'œuvre de la *Marmite* et l'œuvre des *Messieurs*, procédant de l'admirable famille de saint Vincent de Paul, la *Charité maternelle*, fondée par Marie-Antoinette, et deux de nos Hospices, l'Hôtel-Dieu et la Charité, qui remontent au-delà de 1789. On trouvera dans notre Rapport un essai de nomenclature des œuvres de la charité lyonnaise : ne pouvant les apprécier toutes, et ne voulant être injuste envers aucune, nous n'en citerons aucune. Mais puisque M. Maxime du Camp, dans son livre sur la *Charité à Paris*, déclare que l'œuvre la plus admirable qu'il y ait rencontrée est celle des *Dames du Calvaire*, où des femmes du monde recueillent et soignent de leurs mains les infirmes abandonnés partout ailleurs, à cause de la hideur de leurs plaies, qu'il nous soit permis de dire que cette institution a été créée à Lyon en 1842 (1), trente-trois ans avant Paris.

Il convient aussi d'indiquer en quelques mots les traits particuliers de l'organisation de nos Hospices. Cette grande institution, qui remonte au VIIe siècle, a traversé sans encombre toutes nos discordes et demeure respectée de tous en conservant une double originalité. Elle montre d'abord le spectacle d'une harmonie complète entre le laïque qui administre le bien

---

(1) La fondatrice a été Madame Garnier-Chabot.

des pauvres, et le religieux qui les sert dans la maladie. Les Frères et les Sœurs de nos Hospices ne font point de vœux; ils forment une sorte de congrégation libre, fixée dans chacun des Hospices, n'émigrant pas de l'un à l'autre, et qui n'est liée que par un serment d'obéissance envers l'Administration civile, serment rigoureusement respecté. L'autre originalité, c'est que nos établissements hospitaliers suffisent avec leurs seules ressources, non seulement aux malades de la ville de Lyon, mais encore à la région qui l'entoure; car la plupart des hôpitaux sont généraux et admettent sans s'enquérir du lieu de résidence.

Le fait est unique parmi les grandes villes, qui toutes sont obligées de contribuer au budget de leurs Hospices. Le revenu ordinaire des Hôpitaux de Lyon qui s'élève à trois millions et demi se puise uniquement dans la charité accumulée de nos pères (1), et encore ce revenu ne représente-t-il qu'imparfaitement la richesse réelle; car outre leurs immeubles et leurs rentes, les Hospices possèdent encore environ 1,500,000 mét. de terrain dans la ville nouvelle, dont le rendement est très faible par rapport à la valeur du capital, qui peut représenter 150 millions et forme ainsi une incomparable réserve pour l'avenir. L'administration libérale de ces établissements a réalisé de grands progrès pendant ces dernières années, au point de vue de l'hygiène, de l'alimentation, de l'éducation professionnelle du personnel congréganiste, et de tous les moyens curatifs mis à la disposition d'un corps médical, qui se recrute uniquement par le concours, et est aussi réputé pour la science, que pour la dignité du caractère. Le cercle de leur action ne

(1) D'après la statistique dressée par Verninac, préfet du Rhône en l'an X, le revenu des Hospices à cette époque était tombé à 459,371 fr.; il s'élevait en 1789, d'après la même appréciation, à 1,510,827 francs.

cesse de s'étendre; l'Hôtel-Dieu et la Charité, nous l'avons
observé, datent seuls d'avant 1789; les hôpitaux et hospices
de l'Antiquaille, de la Croix-Rousse, du Perron, des Vieillards
de la Guillotière, de Sainte-Eugénie, appartiennent à notre
siècle. La création la plus récente (1887) est celle d'un hôpital pour les enfants et les convalescents à Gien près de Hyères,
sur la Méditerranée. On peut aussi qualifier de création, l'Hôpital « d'isolement » pour les malades affectés de maladies
épidémiques qu'on annexe en ce moment à l'hôpital de la Croix-
Rousse. Il faut enfin signaler l'œuvre très importante de l'aché-
vement du grand Hôtel-Dieu qui s'entame actuellement.

Une seule partie de nos services hospitaliers parait vraiment insuffisante; les vieillards y sont admis beaucoup trop
tard et le nombre des places qui leur sont réservées ne répond
point aux nécessités. On ne reçoit que 700 vieillards dans nos
hospices, ce qui ne correspond pas aux besoins de cette assistance, dans une population qui doit compter environ dix-huit
mille personnes âgées de 70 ans (1). En principe, les vieillards
ont droit d'entrée à partir de 70 ans, mais par rang d'inscrip-
tion ; en fait ils attendent si longtemps, que c'est trop souvent
la mort qui se charge de mettre un terme à leur patience. De
ce côté, l'Administration des Hospices ne peut, malgré son
zèle, remplir toute sa tâche, qui est complétée par les trois
hospices des Petites Sœurs des Pauvres, qui reçoivent 570
vieillards, par la Cité de l'Enfant Jésus et ses annexes qui
donnent le logement à un nombre égal de vieillards mariés,
et enfin par un certain nombre d'asiles ou de refuges créés

(1) Le recensement de 1881 établit que 8 % de la population se compose de personnes âgées de 60 ans et au dessus ; il faut donc déduire le chiffre de mortalité présumée
entre 60 à 70 ans.

dans le même but de soulager la vieillesse (1). Il faudra toujours quelques hospices pour les vieillards sans famille ou abandonnés, mais pour l'ensemble des malheureux trop atteints par l'âge, ne pourrait-on point trouver un autre mode de secours, que celui de ce casernement, qui sépare le mari de la femme, qui fait passer les derniers jours de la vie dans l'oisiveté lourde et corruptrice d'une salle ou d'une cour d'hospice? A Lyon même, l'œuvre intelligente et belle de l'abbé Rambaud, que nous venons d'indiquer (la Cité de l'Enfant Jésus), donne le logement seulement à 500 vieillards, presque tous mariés. Il est impossible de n'être pas profondément frappé de la différence d'aspect de cette Cité et d'un de nos hospices. D'un côté le désœuvrement et souvent le vice; de l'autre, de braves gens se contentant d'être affranchis du loyer, la plus dure nécessité du pauvre, qui travaillent réunis jusqu'à leur dernier jour, vivant de peu, mais vivant de leur effort jusqu'à la fin. L'essentiel, c'est de ne point briser la famille;

(1) Voici comment on pourrait établir l'état de l'assistance à la vieillesse dans la ville de Lyon :

1 *Assistance complète*	Hospices civils	700 vieillards.
	Petites-Sœurs-des-Pauvres.	570 »
	Dépôt de mendicité (section des vieillards de la ville)	400 »
	Hospices privés	250 »
2 *Assistance partielle*	Œuvre de l'abbé Rambaud	500 »
	Pensions de 100 francs donnés par la Ville .	1.250 »
	Pensions de la société de secours mutuels des ouvriers en soie formées par la subvention de la Chambre de commerce.	1.000 »
		4.670 vieillards.

On peut évaluer, en outre, de 1,400 à 1,500 les pensions servies par les sociétés de secours mutuels. Les pensionnés inscrits à la trésorerie générale du Rhône pour la caisse nationale de retraites pour la vieillesse, sont au nombre de 5,700.

l'hospice ou l'asile, quels qu'ils soient, ne doivent pas être le dernier désir des vieux parents, ou le moyen pour leurs enfants de se débarrasser d'eux. Il y a mieux à faire, moralement et économiquement parlant, soit en aidant le vieillard à payer son loyer, soit en le maintenant et en faisant souhaiter son maintien dans la famille, à l'aide d'une petite pension en argent. A Lyon, un vieillard coûte 150 francs dans la maison de l'abbé Rambaud et bien près de 1,000 francs aux Hospices, si l'on ajoute aux frais d'entretien, ceux du logement qui ne sont point évalués dans les budgets. L'assistance à domicile pour les malades est déjà très fructueusement pratiquée à Lyon, par l'œuvre privée du *Dispensaire général* ; pourquoi nos Hospices n'essaieraient-ils point, au moins partiellement, de secourir les vieillards chez eux, et de reporter les économies ainsi faites sur ces malheureux, si dignes de pitié et si peu secourus, sur les épileptiques ?

Au reste, l'assistance de la vieillesse à domicile est déjà pratiquée par la Municipalité. Un crédit de 125,000 francs est inscrit au budget pour servir douze cent cinquante pensions de 100 francs à des vieillards âgés au moins de 70 ans, ayant résidé pendant 20 ans à Lyon, et devenus incapables de travail. L'effet de ces très modestes pensions, extrêmement recherchées, est qu'un grand nombre de familles nécessiteuses conservent et même gardent précieusement les vieux parents. La ville fait ainsi de la morale et de l'économie.

Nous signalerons une autre lacune dans notre bienfaisance, mais peut-être existe-t-elle partout. La loi a édicté l'assistance obligatoire pour l'aliéné pauvre ; dans la pratique, la loi est éludée par suite des préoccupations de trop grande économie qui hantent les pouvoirs départementaux. L'aliéné pauvre n'est admis d'office dans les asiles, que lorsqu'il en est arrivé à quelque tentative criminelle. De cette façon, l'aliéné pauvre étant traité trop tard, tombe à l'état d'incurable, et reste à la charge perpétuelle du département. Le calcul est donc aussi contestable au point de vue de l'humanité, qu'à celui de la dépense.

En résumé, les moyens d'assistance sont nombreux, variés et abondants à Lyon; aux jours de crise ou de chômage trop intense, la bienfaisance sait toujours trouver de nouvelles ressources. Nous citerons, comme exemple récent une œuvre issue de la crise de chômage de 1884 et qui n'affecte point un caractère de permanence : l'œuvre des *Fourneaux de la Presse*, due à l'initiative des journaux de toutes les opinions, qui a réuni plus de 500,000 francs et, chose plus extraordinaire, qui a su les faire arriver entièrement à leur destination. Il faut ajouter à tous ces moyens, l'action de la bienfaisance secrète et individuelle qui est considérable; soit qu'elle s'exerce par les plus fortunés, soit qu'elle se pratique dans les classes populaires elles-mêmes qui savent soutenir les malheureux d'une manière touchante : de voisin à voisin, de porte à porte, que de services rendus, que d'aide donnée parmi les plus pauvres, que de sacrifices silencieux! Ce dont on pourrait plutôt se plaindre, c'est qu'il y ait conflit et confusion entre certaines institutions, pour le plus grand profit des pauvres de « carrière ». De plus, on attribue trop à notre ville, le rôle de providence dans sa région; sa renommée attire les déshérités d'alentour. Le bureau de bienfaisance compte près de 28,000 inscriptions (il y en a eu 15,000 en 1871), soit 7 % de la population. Cette proportion, supérieure à la moyenne, ne correspond nullement à l'état relativement aisé de notre peuple laborieux et économe; elle ne peut s'expliquer que par le rayonnement de la charité lyonnaise, par le défaut complet d'organisation de l'assistance dans les campagnes, et enfin par beaucoup de doubles emplois dans les distributions. Il serait bon d'établir un *Clearing House* de la charité.

ON ne saurait énoncer les moyens toujours douteux et restreints de soutenir la misère et de la relever, sans signaler les moyens autrement efficaces de la prévenir. La puissance humaine est bien faible contre la misère acquise, mais l'admirable prévoyance est bien forte pour l'empêcher de naître. Les institutions d'épargne et de prévoyance, les associations tendant à améliorer la vie par ces mêmes moyens, sont nombreuses à Lyon et se sont beaucoup développées, depuis que la liberté d'association, quelque mal réglée et incomplète qu'elle soit, existe à peu près en fait. Deux grandes caisses d'épargne fonctionnent à Lyon; l'une dite de Lyon, l'autre de la Croix-Rousse. La première compte 56 millions de dépôts et 182,215 livrets; la seconde qui dessert 30 à 40,000 âmes seulement, possède environ 6 millions de dépôts et 16,800 livrets; soit ensemble 62 millions de dépôts et 199,065 livrets, dont 56 millions de dépôts et 169,790 livrets appartiennent à Lyon, le reste provient du département. Les 169,790 livrets de Lyon représentent donc plus d'un livret par famille. Il faut cependant signaler ce fait très fâcheux que, grâce aux taux excessifs payés par l'État, la Caisse d'épargne de Lyon compte dans le chiffre de ses dépôts plus de 20 millions qui proviennent d'une tout autre source que celle de l'économie populaire. Ce qui est meilleur à noter, c'est le million qui est fourni par la Caisse d'épargne scolaire ouverte en 1878; les petits sous de nos écoliers, recueillis depuis dix ans, représentent plus d'un million, répartis en 34,000 livrets et effectués en versements dont la moyenne représente 4 francs. C'est bien de l'épargne enfantine. Ces résultats sont merveilleux si l'on songe qu'avant 1822, date de la création de la Caisse d'épargne de Lyon, le peuple n'avait d'autre attraction pour ses épargnes que celle de la loterie (1).

(1) Il convient d'attirer l'attention de ceux qui douteraient de la nécessité et de l'efficacité des institutions d'épargne, sur le tableau comparatif qui suit, des versements faits à Lyon dans les bureaux de loterie et dans la Caisse d'épargne pendant les douze dernières années de l'exploitation de la loterie :

ANNÉES	LOTERIE	CAISSE D'ÉPARGNE
1822.	4.501.489 francs.	»
1823.	5.778.563 »	79.203 francs.
1824.	5.660.818 »	150.800 »
1825.	3.582.069 »	232.111 »
1826.	4.031.063 »	198.835 »
1827.	3.732.045 »	233.718 »
1828.	4.975.012 »	251.360 »
1829.	4.751.541 »	253.958 »
1830.	3.043.001 »	220.925 »
1831.	2.218.483 »	92.679 »
1832.	2.200.621 »	133.519 »
1833.	2.287.727 »	231.775 »
TOTAUX. . .	46.793.437 francs.	2.137.131 francs.
Moyenne actuelle .	3.899.453 francs.	191.273 francs.

Soit un rapport de 1,000 à 41.

A cette époque, la contribution foncière du département du Rhône entier, centimes additionnels compris, était de 2,876,000 francs, c'est-à-dire qu'elle ne représentait que 75 % des recettes de la loterie.

Le notable abaissement des quatre dernières années n'est pas le résultat d'un retour à la raison des classes ouvrières qui alimentaient la loterie; il correspond au développement de loteries clandestines dont le siège était à Genève.

L'état des choses qui se reflète dans les chiffres ci-dessus est celui qui a précédé l'insurrection de 1834.

(Louis REYBAUD. *Étude sur le régime des manufactures. Conditions des ouvriers en soie*, 1859.)

Les valeurs mobilières sont très répandues parmi le peuple; elles ne lui arrivent pas toujours par des mains scrupuleuses. De plus, les combinaisons véreuses consistant à faire payer des obligations à lots ou des marchandises par versements successifs, dépouillent beaucoup de pauvres gens; c'est de la contre-épargne. En heureuse opposition, nous pouvons signaler une vingtaine de Sociétés d'épargnes accumulées, se rapprochant plus ou moins du type de la *Fourmi*, et qui font l'opération contraire; c'est-à-dire qui réunissent de petits capitaux pour les faire profiter par le groupement, d'intérêts d'argent supérieurs et des chances mises en commun pour les tirages de titres à lots.

Les Sociétés de Secours mutuels au nombre effectif de deux cent vingt, réunissent environ soixante-trois mille personnes et sept mille membres honoraires. La plupart d'entre elles, assurent des retraites variant de 60 à 300 francs. Cinquante Sociétés coopératives de consommation, dont la moitié environ ont une existence remontant à 20 ou 25 ans et ont ainsi leurs preuves faites, sont généralement prospères (1); tout en rendant service à leurs adhérents, elles sont utiles à tout le monde en exerçant une influence sur le prix des principales denrées, faussé chez nous comme ailleurs, par la mauvaise organisation du commerce de détail et la multiplicité croissante des intermédiaires. On ne cesse de déclamer contre les patrons dont les bénéfices se réduisent de plus en plus; on se tait sur le détaillant qui enlève au consommateur le bénéfice de ce bon marché, créé par le travail supérieur de l'industrie et du grand commerce. On parle sans relâche d'augmentation

(1) L'une d'elles, la *Ruche*, est une merveille du genre. Voir ses comptes au Rapport général de la Section.

de salaires, sans réfléchir à son contre-coup ruineux sur l'industrie et on ne voit pas qu'actuellement, le moyen d'améliorer la condition de l'ouvrier, c'est de ne lui faire payer les choses que ce qu'elles valent. De cet ordre d'idées, est sortie la *Société de Logements économiques*, créée en 1886, au capital d'un million, avec la participation de la Caisse d'épargne, ce qui lui donne son caractère d'institution de prévoyance. Cette œuvre est jusqu'à présent couronnée d'un plein succès. Tout en assurant à ses actionnaires le revenu normal de 4 %, la Société donne aux ouvriers des logements beaucoup plus décents et plus confortables, avec une baisse de prix de 30 % au moins sur les prix courants des loyers de cette catégorie. On capitalise à Lyon les maisons occupées par les ouvriers au taux de 10 à 12 % en calculant 15 à 20 % de non-valeurs ; les bons payent pour les mauvais. Les opérations de la Société de Logements économiques, qui seront largement poursuivies (car on annonce dès à présent le doublement du capital qui sera porté à deux millions), pourront exercer une influence capitale sur la question du logement de nos ouvriers.

Les Sociétés coopératives de crédit n'existent pas à proprement parler, à Lyon. *La Caisse de Prêts aux chefs d'ateliers*, *l'Assistance Mutuelle Lyonnaise*, tiennent de la bienfaisance en ce qu'elles aident leurs clients par des prêts dont elles exigent le remboursement ; la seconde sans intérêts. Dans cette catégorie d'associations mixtes, tenant à la fois de la prévoyance et de la bienfaisance, il faut signaler avant tout la grande Société de secours mutuels des ouvriers en soie, qui compte près de six mille membres, et qui reçoit annuellement une subvention de cent vingt mille francs de la Chambre de Commerce, subvention destinée à former un fonds de retraites d'une importance exceptionnelle. Les patrons de la soierie, par l'intermédiaire de la Chambre de Commerce qui les représente, ont donc doté leurs ouvriers d'un instrument de prévoyance d'une puissance unique, et qui permet à ceux qui le veulent, d'assurer le repos de leurs vieux jours (1).

Les Sociétés coopératives de production ont échoué; deux Sociétés coopératives d'imprimerie s'efforcent de vivre, sans grande prospérité.

L'approvisionnement de Lyon est facile et excellent. La zone du sud-est abonde en tous produits. Nos vignobles ont été profondément atteints et vont en se reconstituant (2); leurs produits au reste sont d'une qualité supérieure au pouvoir d'achat de la grande consommation. La crise viticole a eu ce bon effet de développer considérablement la production des fruits; leur bas prix permet à nos plus humbles ménages de s'en alimenter. On peut dire en passant que le commerce local des fruits est encore à l'état rudimentaire et pourrait former plus tard une branche importante de nos exportations.

Approvisionnement

(1) Par le seul fait d'être membre de la Société et grâce au versement de la Chambre de Commerce, un ouvrier qui y est entré à 25 ans reçoit à 65 ans une pension de 400 francs. S'il a ajouté seulement 15 francs par an de ses deniers personnels, la pension s'élève alors à 900 francs, et s'il a commencé ses versements à 20 ans, la pension peut atteindre 1,200 francs environ. Ce magnifique résultat est obtenu au moyen d'un versement supplémentaire fait par la Chambre de Commerce en faveur de ceux qui font ainsi preuve de prévoyance personnelle.

On peut entrer en jouissance de la retraite dès 50 ans, à des conditions proportionnement abaissées.

(2) On verra par le tableau qui suit, établissant la consommation composée du vin et de l'alcool pendant les onze dernières années, combien les hauts prix du vin

*Moyens
de transport.*

LES moyens de transport, qui forment un des facteurs essentiels de la prospérité d'une grande ville d'industrie, pourraient être perfectionnés à Lyon et dans le rayon qu'il commande. La circulation urbaine a été tardivement, mais suffisamment assurée. Depuis 1881 seulement, un réseau de tramways couvre la ville, la Saône est bien desservie par des bateaux-mouches; deux lignes funiculaires relient Fourvières et la Croix-Rousse à la ville basse, une troisième concession est donnée pour créer une nouvelle communication de ce genre entre la partie nord-est du plateau de la Croix-Rousse et

ont été funestes à nos populations en développant parmi elles la consommation de l'alcool :

Importance de la consommation des vins et des alcools à Lyon.

PÉRIODES	VINS	ALCOOLS
1878	745.033 hect.	10.707 hect.
1879	732.037 »	11.672 »
1880	728.926 »	13.903 »
1881	722.575 »	15.214 »
1882	650.791 »	15.595 »
1883	655.361 »	16.240 »
1884	696.810 »	16.899 »
1885	657.157 »	16.886 »
1886	628.910 »	16.998 »
1887	615.131 »	17.713 »
1888	610.838 »	18.332 »

Comme on peut multiplier par trois le chiffre de consommation de l'alcool pour arriver à celui des boissons alcooliques et liqueurs, on voit que la consommation lyonnaise représenterait environ 50,000 hectolitres, qui, estimés au détail à 3 francs le litre, forment une dépense totale de 15 millions de francs. Cette dépense faite par la partie la moins aisée de la population constitue la plus écrasante des charges. La sobriété serait une des solutions de la question sociale.

le centre de la ville. Quant à la circulation extérieure par voies ferrées, le grand centre de Lyon est la propriété exclusive de la Compagnie P.-L.-M.; elle ne subit une trop faible concurrence que par la navigation du Rhône et de la Saône (1). Une seule Compagnie locale de chemins de fer, la Compagnie des Dombes et du Sud-Est, possédait un réseau de 400 kilomètres, et luttait sur certains points avec une trop puissante rivale. La Compagnie des Dombes a fusionné en 1884 avec la Compagnie P.-L.-M. au grand regret du public, qui a vu disparaître en elle un exemple de bonne administration et d'une Société soucieuse de bien servir le public.

Les lignes de la Compagnie P.-L.-M. nous atteignent de tous les côtés; leur exploitation pourrait être améliorée. Au point de vue des arrivées et des départs, les gares sont placées d'une manière excentrique, ce qui résulte d'erreurs anciennes qui sont plus le fait de la Ville que de la Compagnie. Cependant une seule gare, qui a été créée par la Compagnie des Dombes, la gare Saint-Paul, est au cœur de la ville et n'est utilisée que pour des lignes très secondaires. En ce qui touche la marche des trains de voyageurs, des plaintes trop fréquentes s'élèvent. On ne fait rien pour créer de véritables services de banlieue, qui pourraient permettre à cette partie de la population bourgeoise, plus aisée en apparence qu'en réalité, de se déplacer et de vivre d'une manière plus économique et plus salubre, tout en donnant le même temps au travail de la ville. Mais cette émigration, qui pourrait mettre des milliers de familles laborieuses dans de meilleures conditions, ne peut

(1) On peut encore citer deux petites Compagnies de chemins de fer, celles de l'Ouest et de l'Est de Lyon; leur parcours et leur importance ne sont pas tels qu'ils puissent constituer une concurrence véritable.

s'accomplir au moyen de trains faisant à peine 20 kilomètres à l'heure (1), toujours en retard et avec un horaire ne concordant point avec les occupations d'un industriel ou d'un commerçant. Nous avons plaisir à reconnaître que certaines améliorations ont été faites. La Compagnie a créé tout récemment dans quelques directions des trains dits tramways, sans doute parce qu'ils marchent plus vite que les autres. Après trente ans de réclamations, la Chambre de commerce de Lyon vient d'obtenir un train de vitesse entre Lyon et Saint-Etienne. Jusqu'à cette année, les négociants de deux des plus grandes villes de France devaient perdre toute leur journée pour effectuer dans les deux sens un trajet de 58 kilomètres (2).

Les communications avec les grands centres industriels voisins : Grenoble, Voiron, Annonay, Roanne, ne sont pas meilleures ; pour les marchandises, la même lenteur s'observe dans les livraisons. La conséquence en est, que dans notre région, les diligences et les fourgons de marchandises prospèrent encore ; il ne faut pas trop s'affliger de ce que l'insouciance du monopole laisse vivre tant de petits commerces de transport. Dans la périphérie lyonnaise, le rayon s'étendant jusqu'à 100 kilomètres et presque toujours parallèlement au tracé du P.-L.-M., on compte au départ de Lyon plus de soixante-dix entreprises de messageries pour les voyageurs, vingt services importants de fourgons-poste transportant les

(1) Entre Lyon et Bourg en Bresse, deux chefs-lieux, les trains marchent à la vitesse de 15 kilomètres à l'heure.

(2) Entre Bruxelles et Anvers, deux villes à peu près semblables, pour l'importance, à Lyon et à Saint-Etienne, on compte *quatre express* dans les deux sens, soit *huit express*, qui les relient.

marchandises de valeur, et plus de cinq cents petits entrepreneurs de transport. Nous passons pour mémoire les individus sans nombre possédant une seule voiture de roulage, et qui convoient un tonnage impossible à évaluer, mais assurément considérable. On pourra être surpris d'apprendre qu'une partie très notable des transports de l'industrie de la soierie s'effectue par les fourgons-poste dits : *Fourgon stéphanois, Messageries du Dauphiné, Messageries de la Côte-Saint-André, Fourgon de l'Arbresle, de Saint-Laurent-de-Chamousset, Charlieu, Chauffailles, Thizy, des Écharmeaux,* etc.

Il n'y a point de remarques bien spéciales à faire sur les tarifs, en ce qui concerne la région lyonnaise. La Compagnie P.-L.-M. a paru procéder, en 1885, à un dégrèvement général ; mais tout bien compensé, il se trouve qu'elle a octroyé aux uns ce qu'elle a repris aux autres. Un tarif monstrueux a cependant été atteint dans ce remaniement.

Jusqu'en 1885, la houille du bassin de la Loire payait pour arriver à Lyon, *huit* centimes par tonne et par kilomètre, ce qui, avec les frais de déchargement, grevait la tonne rendue à Lyon de plus de 5 francs. Pour faire parcourir 58 kilomètres à la tonne de charbon de la Loire, on payait à peu près le prix entier de cette même tonne de charbon sur le carreau de la mine en Angleterre ou en Westphalie ! Ce tarif est maintenant réduit à six centimes, ce qui est encore le double du tarif moyen des chemins français sur cette matière première ; il grève d'autant plus lourdement la consommation lyonnaise que son bassin d'approvisionnement, la Loire, est celui qui a les prix de revient les plus élevés en France. C'est une des raisons pour lesquelles il n'y a point à Lyon d'industries de gros tonnage, devant utiliser de grandes forces motrices. Nous n'employons à Lyon que 12,000 chevaux-vapeur (1), répartis entre 1,224 industriels; pas plus qu'un seul grand paquebot transatlantique. Lorsque le transport de la force à distance pourra s'opérer à bon marché, le Rhône deviendra un trésor de forces motrices; c'est sans doute le moyen de l'avenir pour l'établissement de grandes industries à Lyon. En attendant, on compte toujours chez nous sur la navigation du Rhône et de la Saône pour maintenir une concurrence indispensable. On a déjà obtenu des résultats. Sur la Saône, les transports de marchandises encombrantes sont déjà très développés entre Lyon et Châlon; lorsqu'une dernière section du canal en construction aura réuni la Marne à la Saône, nous nous trouverons, directement et sans rompre charge, en communication par eau avec tout l'Est. Pour le bas Rhône (car la navigation reste nulle sur le haut Rhône de Genève à Lyon), les derniers travaux ont enfin donné des résultats qu'une expérience assez prolongée permet de considérer comme acquis. On a gagné 0,70 c. de profondeur entre Lyon et Avignon, ce qui permet de naviguer par les plus basses eaux. *La Compagnie générale de Navigation*, qui a eu l'honneur de maintenir son service à travers les plus grandes difficultés, a vu, grâce aux travaux effectifs dont nous venons de parler, son tonnage s'élever de 120,000 tonnes en 1879 à 200,000 tonnes environ en 1888 (2). Son terminus est le port de Saint-Louis, création entièrement lyonnaise, où les hommes d'imagination se plaisent à voir le futur rival de Marseille.

(1) Auxquels il faut ajouter un millier de moteurs à gaz.

(2) On a constitué au capital de 500,000 francs une société d'essais des procédés de touage de M. Lombard-Gérin; ces essais ont donné d'excellents résultats et pourraient conduire à un grand développement de la navigation du Rhône.

Il nous faudra bientôt parler du travail de Lyon ; avant de
le faire nous avons exposé les causes morales ou matérielles
qui peuvent agir plus ou moins directement sur lui et créer
un milieu plus ou moins favorable à son développement.
N'ayant pas à apprécier le rôle important de l'État, puisque
son rôle s'exerce à Lyon comme ailleurs, nous n'avons pour
compléter notre examen de ce côté, qu'à dire quelques mots
de l'enseignement public.

L'ENSEIGNEMENT officiel ou libre a pris un grand développement à Lyon depuis 1870. L'enseignement supérieur
s'y est complété par la création des Facultés de médecine et
de droit, et par la fondation d'une Université catholique. Les
anciennes Facultés de l'État des sciences et des lettres, qui
végétaient avant 1870, ont reçu une vigoureuse impulsion ; le
nombre de leurs élèves a presque décuplé. Si l'on en juge par
les résultats des concours généraux, la Faculté de droit aurait
quelques raisons de se croire la première de France ; la Faculté
de médecine, avec ses professeurs réputés et son installation
magnifique, réunit déjà un millier d'étudiants auxquels vont
s'ajouter trois ou quatre cents élèves de l'École de santé militaire qui vient d'être ouverte. La Faculté des lettres a mérité
d'être appelée par M. Lavisse « la vaillante Faculté des lettres
de Lyon ». Un grand courant de vie circule dans notre enseignement supérieur, dont les maîtres éminents, sachant se
résigner à rester en province, travaillent de toutes leurs forces
à établir des relations étroites entre les diverses branches du
haut enseignement et à former le faisceau d'une grande Université lyonnaise. On comprend ici l'importance d'une créa-

tion qui aurait une si grande influence sur l'esprit général et aiderait à son relèvement; dans le but de la poursuivre on vient de former une *Association des Amis de l'Université de Lyon.* Si nous pouvons obtenir pour notre ville la fondation de la première université provinciale, ce sera peut-être une grande date dans l'histoire morale du pays.

Nous n'avons pas à constater le même essor et les mêmes progrès dans notre enseignement secondaire classique; les élèves y abondent, mais sont-ils vraiment préparés pour la vie qui les attend et la tâche laborieuse qui leur incombe? il y a fort à en douter. Dans l'enseignement classique, les trois quarts des élèves reçoivent une instruction qui ne leur convient pas et dont ils ne profitent point. Si l'enseignement supérieur d'abord, si l'enseignement classique ensuite, sont comme la source sacrée d'où découle la force de l'esprit, s'ils lui impriment comme un sacrement de distinction que rien ne peut remplacer, s'en suit-il qu'ils conviennent à tous et qu'il faille multiplier les lycées ou leurs concurrents congréganistes? Combien de ceux auxquels on a offert la perle de l'instruction classique pensent amèrement plus tard que le moindre grain de mil aurait mieux fait leur affaire! Il faut bien soulever après tant d'autres, quelque indigne qu'on en soit, ce grand problème de l'instruction, parce qu'il est particulièrement grave dans les villes d'industrie et de commerce. Non seulement l'instruction classique ne prépare pas à ces carrières usuelles qui attendent la majorité des hommes, mais encore elle les en écarte comme par un secret mépris. De même, dans l'instruction primaire qui reçoit les futurs ouvriers de la terre et de l'usine, ce n'est point le travail manuel qu'on exalte et vers lequel on tend; par la surcharge et par la variété des connaissances effleurées, on donne surtout à l'enfant l'idée de changer de condition. Dans ces deux ordres d'instruction, c'est la même chasse aux certificats, aux brevets, aux diplômes, à toutes ces fausses apparences de se grandir par le grade, et qui nous préparent en réalité des avocats sans clients, des diplômés faméliques, tout un monde de déclassés qui sont des ouvriers perpétuels de révolution, non point pour la foi dans une idée ou dans une chimère, mais simplement pour devenir des fonctionnaires. Le recrutement, comme l'esprit des travailleurs de tous les rangs, souffre beaucoup de la tournure ambitieuse donnée à notre éducation nationale. A Lyon, il s'est créé tout un groupe d'institutions qui s'efforcent de réagir contre cet ancien état de choses et préparent de bons sujets à l'industrie et au commerce. Voici leur énumération : l'*École de la Martinière des garçons*, l'*École de la Martinière des filles*, le *pensionnat des Frères*, l'*École congréganiste de la Salle*, l'*École de comptabilité pour les dames et demoiselles*, entretenue à frais communs par la Ville et par la Chambre de Commerce, la *Société d'Enseignement professionnel*, les *cours municipaux du soir*, l'*École de tissage de la Croix-Rousse*, l'*École centrale lyonnaise*, l'*École supérieure de commerce et de tissage*, l'*École des hautes études de chimie industrielle*, créée à la Faculté des sciences par M. Raulin et subventionnée par la Chambre de Commerce, l'*École nationale des Beaux-Arts* et les huit *Écoles municipales de dessin* qui préparent des sujets à nos industries d'art. Par elles, le cycle de l'enseignement préparatoire ou appliqué aux diverses professions est à peu près complet ; il s'ouvre à la plus modeste instruction ouvrière et se ferme aux études supérieures qui doivent former le savant chimiste, l'artiste, le grand industriel ou le grand commerçant. En outre, certaines d'entre elles, telles que la *Société d'enseignement professionnel* qui a eu jusqu'à huit mille élèves, travaillant librement le soir, ont exercé une profonde et salutaire action morale sur la population ouvrière. Les fondateurs de cette Société ont justement estimé que l'École professionnelle ou d'apprentissage se propose un but à peu près chimérique, lorsqu'elle a la prétention d'apprendre un métier à des élèves, mais qu'elle est de la plus haute utilité, lorsqu'elle s'applique, comme la *Société d'Enseignement professionnel de Lyon*, aux ouvriers et employés divers qui savent déjà leur métier et qui veulent se perfectionner par une instruction appropriée et spéciale.

A part l'*École nationale des Beaux-Arts* et les *Écoles municipales de dessin*, qui se rattachent encore à l'initiative privée par leur administration confiée à de simples citoyens, c'est en vertu de l'action seule de ces institutions, qu'une masse d'environ dix mille élèves se trouve préparée à fournir les cadres de l'industrie et du commerce lyonnais, depuis les plus hautes fonctions, jusqu'aux emplois de contremaitres et de commis, jusqu'au simple ouvrier rendu plus ouvert et plus habile. Sans elles, la participation à nos plus grandes affaires échapperait à nos compatriotes. Nous en avons un frappant exemple. Avant la guerre de 1870, la plupart des emplois de comptabilité et de banque, étaient occupés à Lyon par des Allemands ou des Suisses, en raison de l'incapacité professionnelle de notre jeunesse. Par suite des progrès de toutes ces écoles, une génération nouvelle s'est rendue apte à toutes les places et a complétement évincé les étrangers de nos comptoirs. L'enseignement technique, commercial et professionnel qui s'est créé et développé à Lyon depuis un demi-siècle par les sacrifices et le dévouement des particuliers, a marché résolument pendant que l'État élabore encore des programmes compliqués sur la matière; il a ainsi rendu des services énormes à tous nos travailleurs et marque l'un des efforts les plus énergiques et les plus intelligents de l'initiative indivi-duelle et des associations libres.

AVANT d'exposer l'état de la production et du travail à Lyon, il convient d'apprécier d'une manière très générale, ce qui les soutient et les met en œuvre, c'est-à-dire le capital. Il ne peut être question d'évaluer le capital lyonnais; vu sa dis-persion et sa force d'expansion, on ne pourrait arriver qu'à établir des calculs très incertains portant sur plusieurs mil-liards. Au reste, malgré les relations étroites qui existent entre toutes les sources de la richesse acquise, il faut, dans l'étude qui nous occupe, seulement s'enquérir de cette partie du capi-tal qui s'emploie dans l'industrie et dans le commerce. De ce côté aussi, il serait téméraire d'avancer des chiffres, mais on peut faire quelques constatations qui éclaireront suffisamment. Lyon est richement pourvu de capitaux, puisque selon le lan-gage économique, l'argent y est plus offert que demandé. C'est la caractéristique financière de Lyon, comme le contraire pourrait se découvrir à Marseille. Le capital commercial flot-tant, sans emploi, ou réservé, peut être estimé d'après ce que l'on connaît des dépôts dans les banques comme beaucoup trop considérable, si on le rapproche de celui qui paraît plus que largement nécessaire pour tout notre travail industriel et commercial. Cette abondance de capital disponible, d'argent qui s'ennuie, n'est pas sans danger et n'a pas été étrangère aux excès financiers de 1881. A Lyon, on économise tout, sauf la

La production
et le travail à Lyon.
—
Le capital.

force du capital qui est généralement disproportionnée aux affaires. Dans la fabrique de soieries notamment, la surabondance de capital augmente les frais généraux par les pertes d'intérêts, ou bien fait subir des crédits à trop long terme, parce qu'on a trop de moyens d'attendre. De même les institutions financières sont trop puissantes pour la place. Lyon est la ville où la moyenne d'échéance de papier escompté à la Banque de France est la plus courte; les paiements de matières premières s'opèrent généralement à trente jours dans les principales industries et le crédit de banque est peu employé. Les valeurs mobilières de placement s'y absorbent avec une facilité particulière, et restent enfouies dans les portefeuilles. L'influence financière de la place de Lyon s'exerce particulièrement sur le bassin de la Loire dont elle possède la majeure part des valeurs houillères et métallurgiques, sur le midi de la France, sur la Chine et le Japon dont elle concentre les produits soyeux, sur l'Espagne et avant tout sur l'Italie, dont nous étions le grand marché séculaire de commerce et de banque, avant la guerre de tarifs, qui a été déchaînée en 1888.

Les industries diverses.

L'INDUSTRIE lyonnaise, considérée dans son ensemble, pourrait être comparée à l'une de ces chaines de montagnes de hauteur modérée et semblable, desquelles se détache une masse dominante. Il existe dans l'agglomération lyonnaise une foule d'industries diverses d'importance à peu près égale; une seule est énorme et prépondérante, celle de la fabrique de soieries. Toutes ces industries diverses réunies forment cependant une valeur de production fort élevée; et par une rencontre assez curieuse, il se trouve qu'on peut l'évaluer à un chiffre se rapprochant de celui de la production des soieries. Ainsi la production des étoffes de soie représentant de 380 à 400 millions, celle de toutes les autres industries réunies serait à peu près la même, de sorte que le total du travail de nos industries s'élèverait à 800 millions. A cela il faudrait ajouter le chiffre des affaires, c'est-à-dire celui du mouvement commercial, qui représente encore plusieurs centaines de millions (1). Toutefois, il est utile de faire des réserves au sujet de l'évaluation de la production des industries diverses, le travail très sérieux et très complet qui a été fait à cet égard par M. Morand, secrétaire de la Chambre de commerce et sur lequel nous nous appuyons, remontant à 1878 ; à ce moment les statistiques établies par M. Morand faisaient ressortir 340 millions pour les industries diverses (2). Depuis ce temps, ces industries, notamment celles des produits chimiques et des pâtes alimentaires ont beaucoup progressé, et les probabilités seraient plutôt pour une augmentation des valeurs de 1878. Les estimations de ce côté n'en ont pas moins un caractère en partie hypothétique et ne sauraient atteindre le degré de certitude de celles qui sont fixées annuellement pour la fabrique de soieries, par la Chambre de Commerce, en collaboration avec la Chambre syndicale des fabricants.

Il est à remarquer qu'il n'existe point d'industrie primaire à Lyon sans doute en raison du prix de la houille et des constructions ; toutes sont des industries de transformation. Les principales sont : les produits chimiques, les pâtes ali-

(1) Dans sa statistique de 1873, M. Morand l'évalue à 680 millions environ ; ce chiffre a certainement beaucoup augmenté.

(2) Le chiffre de 340 millions comprend un certain nombre d'industries éparses dans le département, mais qui sont dirigées par Lyon ou bien alimentées par ses capitaux.

mentaires dites pâtes d'Italie, la tannerie, la fonderie et la construction mécanique, la chapellerie, la bijouterie, la fabrication des liqueurs et la brasserie, la verrerie, la confection, la fabrication des couleurs, la stéarinerie, la maroquinerie et la fabrication des chaussures, la sparterie. Les industries artistiques sont représentées à Lyon d'une manière supérieure; spécialement dans l'orfévrerie religieuse, la menuiserie, la sculpture en bois, la serrurerie et l'imprimerie. L'orfévre Armand-Caillat, les menuisiers Denat et Grimonet, l'atelier de sculpture en bois et de décoration de Flachat, les serruriers Guerre et Blanc, Salesse, le peintre verrier Bégule, les brodeuses, Mmes Leroudier et Bardey, maintiennent quelques belles traditions de ces arts industriels lyonnais, qui ont produit tant de merveilles depuis le Moyen âge jusqu'au xviiie siècle.

La fabrique
de soieries.

La fabrique lyonnaise de la soierie est au point de vue de l'excellence et de la variété des produits, de l'importance de la fabrication, comme de l'antiquité de l'origine, la plus belle des grandes industries françaises. Personne ne peut lui contester le prix de la beauté. Si quelques industries de première nécessité, telles que celles des métaux ou des textiles communs ainsi que la laine, le lin et le chanvre ont été exercées plus anciennement, elles n'ont point eu de ville capitale ou bien se sont déplacées et disséminées; mais on ne connaît point en France de grande industrie, implantée depuis bientôt quatre siècles et demi dans le même lieu, y ayant grandi sans relâche, y étant pleine de force et de prospérité, et formant encore, le centre le plus puissant du monde entier pour sa production spéciale (1). Telle se présente notre principale industrie. A l'intérieur, les rivaux anciens n'existent plus; Paris, Nimes et Tours constituaient autrefois des fabriques importantes de soieries; il n'en reste que des vestiges dans les deux dernières villes. Saint-Étienne seul, exploite encore avec intelligence et succès l'article du ruban et garde le premier rang dans cette spécialité; mais Saint-Étienne est un parvenu à côté du patricien lyonnais de la soie et en est un rejeton comme Saint-Chamond, la ville du lacet et de la passementerie. Une fabrique encore plus récente, dangereuse entre toutes pour ses concurrents par sa vive intelligence, son audace, son activité sans bornes et sa fortune acquise, Roubaix, menace Lyon par le bon marché de ses tissus mélangés et ses imitations adroites de nos plus belles étoffes d'ameublement.

Nous résumerons en quelques traits, l'histoire de notre fabrique. Elle nait vers le milieu du xve siècle, d'importation italienne. Lyon était, depuis son origine romaine, une grande place de transit : il formait l'un des nœuds principaux du commerce entre le nord et le midi, entre les Flandres et l'Allemagne, entre l'Italie, la Provence, la Méditerranée et l'Orient. Les foires de Lyon étaient célèbres; on y pratiquait déjà les procédés les plus raffinés de l'art du commerce, on y employait la lettre de change et à la fin de ces marchés, il s'établissait des règlements de compensation à peu près semblables aux procédés des *Clearing Houses* que nous n'avons pas encore pu faire accepter dans notre pays. C'était déjà de l'Italie que nous

---

(1) La Chine et le Japon mis à part, la production des soieries dans le monde entier est estimée à 1,100 millions auxquels Lyon contribue pour 400 millions, soit plus d'un tiers du travail total.

tenions cet art du commerce; les proscriptions des républiques
de Florence, de Pise et de Gênes, devaient nous doter de l'art
de la soie. Cet art grandit chez nous jusqu'à la révocation de
l'Édit de Nantes (1685) qui prive brusquement de travail (1)
les deux tiers de nos ouvriers. La proscription française
implante à Crefeld et en Angleterre l'industrie que la proscription italienne avait amenée à Lyon. C'est à la fin du
xviiie siècle que se place l'apogée de nos manufactures. Au
point de vue de la concurrence, presque toutes leurs rivales,
notamment en Italie, sont abattues; au point de vue de la
beauté et de l'originalité de la fabrication, elles sont alors
incomparables. Aux xvie et xviie siècles, il est assez difficile à
l'œil du connaisseur, de distinguer une étoffe de soie de pro-
venance italienne, de Nîmes, ou de Tours, d'une étoffe lyonnaise; le goût et les procédés se ressemblent. Mais au
xviiie siècle, notre fabrique est servie par des dessinateurs de
génie et par des ouvriers admirables; les soieries de Lyon
méritent une place à part dans l'art charmant de ce temps. Le
dessinateur Philippe de la Salle, donne à ses conceptions décoratives, une originalité toute particulière; il n'accepte point
servilement les règles du style délicat, mais un peu ténu et
froid, de l'époque de Louis XVI; sa manière et celle de ses
élèves, est ample et majestueuse, sa palette sait marier les tons
riches et opposés; il crée de véritables chefs-d'œuvre de
de l'étoffe décorée, exécutés par l'ouvrier avec une perfection
inouïe. A ce moment, le produit lyonnais ne peut être con-

---

(1) Les ouvriers lyonnais n'étaient point protestants; c'est la proscription des chefs de
commerce et des banquiers appartenant à la religion réformée et l'émigration de leurs
capitaux qui amenèrent la désorganisation profonde de la fabrique lyonnaise au moment
de la révocation de l'Édit de Nantes.

fondu avec aucun autre et domine tout. La Révolution vient ensevelir tout cet éclat; la fabrique lyonnaise retombe aussi bas qu'au lendemain de la révocation de l'Édit de Nan. e. Mais comme la cité elle-même, dont la Convention avait décrété la mort, elle se relève bientôt de ses ruines. La grande grande invention de Jacquard (1801-1805) vient à l'heure précise, pour l'aider à se plier aux besoins de la production agrandie et à bon marché, qui est la résultante des temps démocratiques où l'on vient d'entrer. Depuis le commencement de ce siècle, qui s'ouvre par cette transformation capitale, la fabrique lyonnaise franchit, en progressant sans cesse, toutes les crises les plus graves: les émeutes de 1832 et 1834, la banqueroute américaine de 1837, la révolution de 1848 et les suivantes. Elle traverse en même temps des crises au moins aussi redoutables que les crises politiques et sociales, c'est-à-dire celles des transformations de production. Vouée par une tradition si lointaine à la production des articles riches et de haut luxe, elle doit peu à peu travailler à pénétrer toutes les couches de la consommation et arriver jusqu'aux plus humbles. Vers 1860, le « façonné », autrement dit l'étoffe ornée de dessins, qui était la gloire et la ressource principale de Lyon, est abandonnée complétement par la mode pendant douze à quinze ans, soit qu'elle eût trop duré, soit qu'elle ne laissât point assez à gagner à la couturière, soit surtout parce que nos dessinateurs ayant perdu toute intelligence décorative, sacrifiaient à un mauvais goût trop évident.

Presque en même temps, Lyon perdait son plus riche débouché par suite de la guerre de sécession des États-Unis. A ce moment si critique, c'est la liberté commerciale qui vient à point pour sauver la fabrique lyonnaise, en lui ouvrant de nouveaux marchés, en développant ses relations avec l'Angleterre d'une manière colossale. Par un changement de front rapide, on se rejetait sur les étoffes unies auxquelles on donna l'intérêt de ces inépuisables combinaisons de fils qui s'appellent « armures », et le charme de nouvelles couleurs dérivées de la houille, dont l'industrie, largement et savamment développée de nos teinturiers, sut tirer un parti merveilleux. Cette crise avait l'effet salutaire de faire de l'industrie de la soie, industrie de luxe, une industrie universelle. Puis vers 1876, on revint au « façonné » par une heureuse révolution du goût ; en même temps la concurrence devenue plus pressante de l'étranger poussait au développement de la production mécanique qui allait devenir l'instrument du bon marché et prendre bientôt dans le travail ouvrier la moitié de la place des métiers à bras. Les étoffes mélangées, jointes à l'instrument du bon marché par excellence, l'article du « teint en pièce », achevaient de vulgariser la soie.

Les dernières épreuves qu'a subies notre fabrique ne sont point les moins graves ; depuis 1880, la politique protectionniste a prédominé en Europe et s'est maintenue aux États-Unis ; d'un autre côté, les industries concurrentes ont grandi. L'Allemagne et la Suisse nous serrent de près sur les marchés extérieurs et importent chez nous ; notre plus grand client après l'Angleterre, les États-Unis, développent énormément leur production de soieries à l'abri de droits excessifs, outrés encore par une fiscalité sans scrupule ; la Russie et l'Autriche nous opposent des barrières de douanes presque infranchissables. Sous ces atteintes si profondes, Lyon a semblé faiblir, d'autant plus que les fabricants avaient été frappés moralement par la crise financière de 1882. Nos chiffres les plus bas de la production et d'exportation, pour la période, se trouvent en 1883 et 1884; mais depuis 1885 les esprits se sont relevés, l'ingéniosité de nos industriels a créé de nouveaux articles, et notre production totale, évaluée pour 1888 de 390 à 400 millions, représente, si l'on tient compte de la différence des valeurs, la plus haute que Lyon ait jamais atteint. En effet, nous avons connu des chiffres beaucoup plus importants en apparence; ainsi nous trouvons que dans la période la plus favorable de 1867-1872, nous avons produit environ 460 millions et exporté 350 millions; mais il ne faut pas oublier que pendant cette période la valeur moyenne de la soie était de 100 francs par kilog., tandis qu'actuellement elle est à peine de 50 francs, soit l'énorme différence de 100 %. De plus, la proportion des mélanges étant devenue de plus en plus forte, et le prix moyen de l'étoffe s'abaissant de plus en plus, on a employé plus de métiers et fait plus d'ouvrage, de mètres. et d'affaires, pour arriver à une valeur générale moindre (1). En d'autres termes, Lyon est à son point culminant comme quantité; c'est le prix de l'étoffe, inclinant de plus en plus au bon marché, qui a baissé. Assurément, le succès est grand d'avoir pu se maintenir au plus haut point de production, tandis qu'on perdait des débouchés et que les fabriques concurrentes grandissaient.

La valeur technique est restée supérieure surtout par ce fait, que la fabrique de Lyon est la seule à pouvoir créer à la fois les articles innombrables auxquels la soie se prête, depuis le velours épais jusqu'à la gaze impalpable, depuis le brocart

---

(1) La production actuelle de 400 millions équivaudrait, sans exagération, à une production de 600 millions, si elle était calculée sur les prix de 1867-1872.

épinglé et rebouclé d'or à 200 francs le mètre, jusqu'à la guenille brillante à 60 cent., dont se pare la fille de campagne. Les autres fabriques possèdent des spécialités ; Crefeld a le velours schappe ; Zurich, les étoffes légères ; Côme, le satin et la faille. Lyon seul possède l'universalité des produits. La fabrique de Lyon a remporté cette victoire, qu'industrie de grand luxe, elle a su le rester et se faire en même temps industrie de bon marché. La lutte a été vive, la transformation a été pénible, car l'esprit industriel lyonnais est tout de patience et d'amour de la perfection. C'a été une grande révolte pour lui que de soumettre sa délicatesse à la brutalité du métier mécanique et de travailler pour le « million » au lieu de garder l'unique clientèle des princes et des riches. Il n'en est pas moins certain, que ceux qui, comprenant la marche du siècle, ont voulu que Lyon restât une fabrique exceptionnelle d'art et haute nouveauté et devint une industrie démocratisée par les productions des tissus mélangés et de ces étoffes si apparentes et si étonnantes de de bon marché dites « teintes en pièces », ont probablement assuré l'avenir de notre ville.

La fabrique lyonnaise est donc plus que jamais soumise à cette double loi ; bien faire et beaucoup faire. A son ancien goût pour la perfection qui doit persister, elle a su ajouter à temps le sens du progrès et des créations incessantes. N'est-ce point au reste la loi de l'industrie française toute entière ? Ne doit-elle pas vaincre en produisant à bon marché et en y ajoutant ce goût que les autres n'ont pas et qui ne nous coûte rien ?

La fabrique lyonnaise reste dans les conditions les meilleures pour accomplir ce programme ; car son organisation est des plus favorables à l'industriel, qui est vraiment privilégié.

Les principaux problèmes de la vie et du succès de l'industriel, sont ceux qui se rapportent au capital et au crédit, à l'approvisionnement de matière première, à l'établissement des usines, à la vente, à la qualité des ouvriers. Nous avons déjà remarqué que le capital et le crédit n'étaient point seulement abondants, mais surabondants à Lyon; on y recherche les placements d'argent en fabrique. L'industriel y est très bien servi sous le rapport de l'approvisionnement de sa principale matière première, la soie et ses déchets dénommés schappe; quant au coton, les protectionnistes du Nord en ont décidé autrement. Ils nous font payer des taxes de douane même sur les fils qu'ils ne produisent pas et nous mettent ainsi en infériorité vis-à-vis de nos principaux concurrents, Suisses et Allemands, qui travaillent avec des matières franches de droits.

Le commerce de la soie est exercé à Lyon par plus de soixante maisons, qui forment une corporation des plus intelligentes et des plus honorables. Par leur hardiesse raisonnée, en même temps que par la solidité de leurs opérations, nos marchands de soie ont su enlever à Londres la suprématie de l'importation des soies de Chine et du Japon et ont fait de Lyon le premier des marchés d'Europe. Le mouvement des Conditions européennes étant de 15 millions de kilogrammes, il passe à la Condition de Lyon, cinq millions cent quatre-vingt-trois mille kilos, et à celle de Saint-Étienne, qui est son satellite, treize cent mille kilos, soit pour le marché de Lyon et son annexe six millions quatre cent mille kilos sur le chiffre total de quinze millions. (Il va sans dire que tout ce qui est enregistré à notre Condition, représente le mouvement commercial et non la consommation lyonnaise qui peut être évaluée à 2,500,000 kilos.)

La fabrique a donc sous la main le plus grand marché

européen de la soie; c'est un avantage considérable pour elle; il est à douter que ce soit au profit des détenteurs de la matière première. Le fabricant voit de trop près le stock et il est trop sollicité; il est ainsi porté à s'exagérer les existences. Sa politique générale est encline à la baisse; il s'approvisionne au jour le jour, et paraît s'en bien trouver, ce qui n'est point une consolation pour tout le monde; car le marché des soies souffre de dépressions continuelles qui détruisent la spéculation raisonnable. Si le marché du coton était à Manchester au lieu d'être à Liverpool, à Rouen ou dans les Vosges au lieu d'être au Hâvre, la même défaveur se ferait sentir sur cette matière. Théoriquement, le marché de la soie devrait être à Marseille, porte de l'Orient, point d'arrivée des soies de Chine et du Japon. Il ne reste à Lyon que retenu par la force du capital et par la valeur des négociants qui le dirigent. Il est déplorable que la guerre économique engagée par l'Italie envers la France, et attisée par nos producteurs séricicoles du Midi, tende à diminuer l'importance du marché soyeux de Lyon, au profit de Zurich et de Crefeld.

Au point de vue de la production elle-même, notre fabrique est encore mieux servie. Elle jouit d'une organisation séculaire, qui est toute à son avantage. Sauf quelques exceptions, le fabricant lyonnais ne possède ni métiers, ni usines; il emploie les métiers et les usines des autres. Il évite ainsi les deux plus grands dangers de l'industriel : le capital englouti dans les immobilisations, puis la production outrée et intempestive parce qu'il faut faire marcher l'usine ou les métiers, que les frais généraux constants dévorent dans l'inaction. C'est pourquoi notre fabricant peut ne point s'enrichir, mais il succombe très rarement. Une faillite de fabricant, atteignant quelque importance, est chose à peu près inconnue à Lyon.

Ce qu'il y a d'étrange, c'est que cette organisation qui subsiste dans les petits ateliers de la ville, en vertu de la coutume de plusieurs siècles, a été appliquée au métier mécanique qu'on a commencé à employer vers 1860. Groupés en grandes usines pour remplacer le métier à bras, il semblait que les métiers mécaniques dussent retomber à la charge du fabricant. Point du tout ; les grands usiniers qui possèdent les métiers mécaniques, sont des entrepreneurs de main-d'œuvre, des tâcherons pour le compte de nos fabricants à la manière des petits chefs d'atelier de la Croix-Rousse. En cela se découvre la cause de la solidité exceptionnelle de la fabrique de Lyon. Si cette organisation se révèle souvent bien dure pour la main-d'œuvre grande ou petite, elle sauvegarde cependant l'intérêt général en ce qu'elle permet d'éviter le fléau endémique de toutes les autres industries, à savoir la surproduction. Par ce système, le fabricant lyonnais n'est point un industriel pur et c'est pourquoi dans les actes anciens on le dénomme « marchand ». Il fournit le capital, la matière première, la création, l'indication, ou le choix de l'article, et court le risque commercial ; l'ouvrier lui apporte à forfait et l'outil et le bras, tandis que dans les autres industries, le patron a tout à sa charge ; le bras est donné contre un salaire.

D'après les statistiques les plus sûres, la fabrique lyonnaise met et marche au moins 50 à 60,000 métiers à bras (1) et

(1) Si on voulait calculer le nombre de tous les métiers à bras existants, on arriverait à un chiffre bien supérieur ; celui de 50 à 60,000 que nous avançons représente le nombre des métiers employés, en moyenne, pour les besoins de la production actuelle. Quant au nombre des métiers mécaniques, il est rigoureusement fixé par les rôles des contributions directes.

20,000 métiers mécaniques ; ce qui dissipe le préjugé assez répandu que les industries étrangères nous auraient distancés dans l'emploi du métier mécanique. Les métiers à bras sont répandus à Lyon et dans la région, spécialement dans le Rhône, la Loire, l'Isère et l'Ardèche. Les métiers mécaniques sont presque tous groupés à Voiron (Isère) et dans les localités voisines, Moirans, Saint-Geoire, etc. Le pouvoir de production du métier mécanique étant supérieur à trois métiers à la main, la fabrique lyonnaise dispose d'une force représentant 120 à 130,000 métiers ordinaires. Cela paraît être le plus haut point de sa puissance ; le point minimum se trouve au moment de la révocation de l'Édit de Nantes, et de la Révolution française, où le nombre des métiers était tombé à 2,000 ; c'est-à-dire 60 fois moins qu'à l'heure présente. En comptant toutes les industries accessoires, le travail de la matière première, Saint-Étienne et Saint-Chamond, on peut dire que la soierie met sur pied dans la région du sud-est une armée de près de six cent mille travailleurs, dont l'état-major est à Lyon.

Le fabricant lyonnais ne possède pas davantage les magnifiques ateliers dans lesquels se prépare ou s'achève le tissu ; ateliers de teinture, d'apprêt, de gaufrage, d'impression, qui recouvrent avec tant d'art les misères de l'étoffe brute du charme de la couleur, ou bien lui donnent l'illusion de la richesse. Une nouveauté faisait rage il y a quelques années ; on l'appelait la « pluie de diamants », elle était simplement produite par des gouttelettes de misérable matière, lancées sur l'étoffe par une ingénieuse machine d'apprêt. Il faut reconnaître encore une fois l'aide puissante donnée à la fabrique par les teinturiers de ce temps, qui sont devenus de véritables savants. La bonne organisation de toutes ces industries accessoires constitue l'une des causes principales de la supériorité de Lyon. Un fabricant de la Prusse-Rhénane disait en 1859 à Louis Reybaud : « Donnez-moi les ateliers de préparation de Lyon, et je transporte Lyon à Elberfeld. »

Quant à la vente des produits, le fabricant travaille également d'une manière sûre, c'est-à-dire qu'il exécute le plus souvent des commissions. Celui qui travaille pour le « placard », c'est-à-dire qui amasse un stock de marchandises ou les consigne, emploie ce système d'une manière permanente et peut s'en bien trouver ; ce n'est un expédient, que pour les rares maisons mal conduites. Cependant on est contraint de confesser que la fabrique de Lyon est en état d'infériorité, au point de vue de l'art du commerce et de la science des débouchés, en comparaison de ses principaux concurrents de Suisse et d'Allemagne. Certains progrès ont été accomplis, un plus grand nombre de jeunes hommes se déplacent, acquièrent la connaissance des marchés étrangers, et vont au-devant des clients ; mais on a encore trop l'habitude chez nous de les attendre dans les comptoirs.

Pour compléter ces quelques considérations sur l'état de notre fabrique, il reste à dire dans quelles conditions elle se trouve quant à la valeur d'art et de goût. De ce côté aussi, il est permis d'affirmer de nouveau sa supériorité certaine, mais sans trop en triompher, car cette supériorité est relative. Nous sommes à la tête, ce qui ne signifie point que nous soyons très haut. C'est encore à Lyon que se créent toutes les nouveautés ; notre fabrique est tellement copiée par les autres, qu'elle doit se défendre contre un véritable espionnage des concurrents étrangers, qui sont à l'affût des articles nouveaux et cherchent à en dérober les échantillons jusque sur les métiers. On met vraiment beaucoup d'ingéniosité et, depuis quelque temps un goût assez sûr, à satisfaire les caprices de la mode. Quant à la haute fabrication d'art, cette fabrication très restreinte, mais qui crée la renommée et met hors pair, qui est le pavillon qui couvre la médiocrité du fond, tout ce qu'elle peut faire se résume en copies honorables de nos chefs-d'œuvre anciens. L'art industriel contemporain est encore l'âne chargé des reliques du passé. Et cependant c'est un progrès, si l'on compare le temps actuel à la période que nous avons traversée de 1815 à 1850.

Pendant la première moitié de ce siècle, on avait perdu, à Lyon, les véritables traditions décoratives; on en était arrivé à confondre la peinture ornant un tissu, c'est-à-dire s'y incorporant, peinture qui a ses lois spéciales, ses conventions et surtout ses fictions, avec la peinture, expression de l'art pur, où le sentiment humain s'affirme par une interprétation directe de la nature. L'étoffe décorée en était venue, chez nous, à ne plus être qu'un tableau sur soie. Rien de plus offensant pour le goût ou pour le sens commun avec lequel le goût entretient parenté, que ces tissus couverts de bouquets touffus, modelés tels qu'ils s'étaient présentés à l'œil du dessinateur sous un jour d'atelier, c'est-à-dire formant tableau. On juge quel effet étrange devait produire cette série de tableaux, vus sur les mille plans et plis d'une robe, plans et plis brisant la lumière et dénaturant les formes. La femme, avec le sens si pénétrant de ce qui la pare ou la dépare, s'est aperçue de ces erreurs et a fait appel au costumier et à la couturière pour les combattre. C'est alors que ces artistes d'un nouveau genre ont ajouté à la robe de soie le décor approprié que le dessinateur n'avait plus su lui donner; ils ont remplacé par les effets du

galon, des passementeries, des dentelles et du ruban, par toutes
sortes d'ingénieuses manipulations du tissu, l'arabesque légère
et toute la flore de fantaisie que le dessinateur ne savait plus
y jeter.

A la longue, l'étoffe façonnée s'est remise de ce grave échec;
elle est dans une meilleure voie, les principes du décor y sont
mieux connus, mais l'originalité dans la conception est contestable. Nos fabricants copient fort habilement et servilement
d'anciens modèles, ou bien s'adressent trop souvent aux cabi-
nets de dessin de Paris pour les articles dits de haute nouveauté.
On invoquera à cet égard les caprices de la mode et le despo-
tisme du marché parisien; mais l'industrie lyonnaise n'est-elle
pas de force à dominer l'un et l'autre, et n'est-il pas anormal,
inquiétant, qu'une grande industrie d'art n'ait point ses moyens
artistiques chez elle et sous sa main, qu'elle sacrifie sa liberté
d'invention et de recherche? En ce qui touche l'imitation litté-
rale des étoffes anciennes, qui reproduit jusqu'à la décoloration
triste que le temps a apportée, assurément elle vaut mieux
que de méchantes compositions. Cependant les vieux maîtres
doivent être consultés et non copiés; ce sont des inspirateurs
et non des modèles à décalquer.

Si nous devons employer les styles anciens, c'est pour y
appliquer avec notre propre sentiment toutes ces formes nouvelles, que la nature livre avec une inépuisable prodigalité.

Ce travail d'affranchissement et de rénovation est nécessaire,
il faut que nos fabricants se persuadent que l'art est l'une des
grandes puissances d'une riche industrie; le goût s'apprend et
s'oublie aussi, le passé en est la preuve. A Lyon, l'instruction
artistique s'est accrue pendant ces dernières années; nos écoles
municipales de dessin donnent un enseignement pratique.

L'École nationale des Beaux-Arts, qui s'obstinait par trop à procréer des artistes incomplets, a été profondément réformée en 1876, ou plutôt a repris ses anciennes traditions, car elle procède de l'École ouverte par le peintre Oudry dans l'intérêt des manufactures lyonnaises. L'enseignement des arts décoratifs y est intelligemment donné et promet des dessinateurs excellents. La Chambre de Commerce, de son côté, ne cesse d'enrichir le Musée et la Bibliothèque d'art et d'industrie qu'elle a créés en 1854. La superbe collection d'étoffes anciennes, et les documents précieux au point de vue de l'ornement et de l'étude des styles que possède la Bibliothèque, en font des laboratoires très fréquentés par nos dessinateurs et nos décorateurs. Les étoffes façonnées jouissent en ce moment d'une faveur qui paraît être durable; on ne peut même suffire à la demande, tant nos moyens de production se sont restreints pendant les longues crises de chômage; on voit, par cette renaissance du tissu riche, combien notre outillage artistique est précieux à conserver et à améliorer.

Il nous reste à parler du tisseur lyonnais, du canut; nous ne le ferons point sans une ardente sympathie. Le tisseur lyonnais est le dernier représentant des anciennes races ouvrières françaises; il a conservé son antique organisation et sa figure; c'est en quelque sorte l'autochtone de notre industrie. Ce ne serait point tout à fait un paradoxe d'avancer que ce petit chef d'atelier-tisseur de la Croix-Rousse constitue comme une sorte d'aristocratie ouvrière; il est plus ancien que le patron, qui en est souvent issu (1). Nous avons vu que ce n'est que de nos

(1) L'établissement ouvrier à la Croix-Rousse ne date que du dernier siècle; à l'origine, les ateliers de soieries étaient placés au pied de la colline de Fourvière, dans le quartier de Saint-Georges.

jours que Lyon a pris les allures de la grande production ;
auparavant, c'était une juxtaposition de petits ateliers. Le tisseur lyonnais prouve aussi, par son caractère, qu'il est ancien
ici. Qu'on regarde ce travailleur ingénieux, actif et probe, qui
tisse mélancoliquement des choses brillantes, à l'air sombre et
doux, aux yeux pensifs, toujours entre la résignation et la vio-
lence, raisonneur et raisonnable, au fond très sensé et pour-
suivant volontiers la chimère, ne se croyant plus religieux
dans sa généralité et restant sectaire (1), attaché profondément
à son sol, s'assistant et empêchant ceux de sa classe de s'élever, acceptant tout avec l'ironie sournoise de Guignol, n'est-ce
point encore le Lyonnais ? C'est un chercheur. La Chambre de
Commerce stimule l'esprit de découverte, en donnant aux tisseurs qui lui soumettent des inventions de modestes primes
qui varient de 100 à 500 francs ; il ne s'agit ordinairement que
que d'inventions secondaires, ou plutôt de perfectionnements
mécaniques, mais toujours fort ingénieux et qui aident à la
création des articles nouveaux. En 1887, on a pu récompenser
ainsi vingt-deux de ces inventeurs-ouvriers. Nous ne devrions
plus nous servir de ce mot d'ouvrier, qui n'est que partiellement juste. De même que le fabricant lyonnais n'est pas tout
à fait un industriel, de même le tisseur chef d'atelier n'est pas
tout à fait un ouvrier ; il participe des deux, car il travaille
manuellement, tout en étant entrepreneur. Le chef d'atelier
lyonnais, propriétaire du métier et de l'outillage, fait un contrat

(1) Les tisseurs se répartissent dans trois grandes associations syndicales : l'*Union
des tisseurs et similaires*, la *Chambre syndicale des tisseurs* et la *Corporation des tisseurs*. Cette
dernière compte 1,500 membres environ et paraît conduite par l'esprit religieux. Elle se
relie à l'*Union chrétienne des fabricants de soieries*. On peut donc relever encore une opposition très marquée dans les idées de la classe des tisseurs.

de façon, à ses risques et périls, pour l'exécution de la pièce de soierie. Il concourt très souvent au travail, mais il est aidé, on devrait dire il était aidé, tant la race s'en éteint, par un véritable ouvrier, appelé du nom aimable de « compagnon », avec lequel il partage par moitié le prix de façon convenu. C'est ce compagnon qui est l'ouvrier pur, ouvrier des plus misérables, car le fabricant ne peut payer qu'une fois le prix de la façon, et en compensation du local, de l'usage d'un métier peu coûteux et de ses accessoires, fourni par le chef d'atelier, il est opéré par ce chef d'atelier un prélèvement de 50 % sur celui qui fait le travail manuel. Si un patron louait des métiers et des outils à ce taux, on considérerait ses exigences comme abusives et intolérables. Aussi est-ce la misère de ce pauvre compagnon, dont le fabricant n'était point coupable, qui a été l'une des causes des grandes insurrections de 1831 et de 1834. La question n'existe plus, parce que le compagnon disparaît peu à peu, depuis l'émigration ininterrompue du travail de la soierie à la campagne. Le chef d'atelier qui avait souvent autrefois cinq à six métiers en marche, devait s'occuper plus de surveillance que de travail manuel; il faut maintenant qu'il fasse l'ouvrage de son ancien collaborateur.

Le travail urbain est de plus en plus réduit; si l'on estime que la fabrique lyonnaise emploie 55 à 60,000 métiers à bras, il est difficile d'en compter plus de 10 à 12,000 restant à Lyon, dispersés dans 5 à 6,000 ateliers. En 1848, il y avait encore 50,000 métiers dans la ville. Le travail urbain n'a point été supplanté par le travail rural, seulement en raison du bon marché; c'est plutôt à cause de la sécurité qu'il donne au fabricant. L'émigration a commencé avec l'insurrection de 1831, et après chaque soulèvement ou discussion violente, ce mouvement de dispersion dans la campagne s'est accentué.

C'est toujours la question du tarif, c'est-à-dire la recherche de la fixité des prix de façon, qui a amené toutes les discordes entre nos patrons et nos ouvriers. Ces débats sont anciens et ils n'appartiennent point qu'à notre libre temps; en 1693, en 1744 et en 1776 (1) il y eut déjà des conflits du même genre, allant jusqu'à l'émeute et à la répression sanglante. Cette poursuite chimérique du tarif, toujours persistante, et qui a failli amener de nouveaux désordres en 1885, procède des idées de règlement arbitraire des anciennes corporations. Elle est en même temps le témoignage du mal profond qui a toujours affligé la fabrique lyonnaise et contre lequel le tisseur à toutes les époques a voulu se révolter bien inutilement, car il se soulevait contre la force des choses et contre une organisation qui ne pouvait que comporter des prix librement débattus, ou bien disparaître. Certes l'instabilité et le chômage qui atteignent périodiquement l'industrie de la soierie, industrie de luxe et esclave de la mode plus que toutes les autres, en font retomber plus durement les conséquences que partout ailleurs sur le tisseur, en raison même de son indépendance de petit patron propriétaire d'outillage. Si le salaire avait besoin d'une justification, c'est dans l'industrie lyonnaise qu'il la trouverait. Le socialisme dit à l'ouvrier de prendre la machine, comme au paysan de prendre la terre. A Lyon, le tisseur possède la machine et sur lui seul pèse le risque de la concurrence et du chômage sous lequel il succombe trop souvent. Ce tisseur délicat, élite de la famille ouvrière, subit en moyenne

____

(1) Nous ne citerons que les principaux conflits ; ils ont été très fréquents.

cent jours de chômage par an, et pendant qu'il travaille, il ne gagne pas autant que le robuste maçon qui ne met en œuvre que ses muscles. Les pauvres artisans de la navette, instrument des faibles et des femmes, sont bien moins rémunérés que la force brutale. Notre tisseur n'a de bons jours que lorsque les étoffes très riches ou de haute nouveauté, qui peuvent supporter de grands prix de façon, sont en vogue, ou bien lorsque la fabrique produit en masse un article dit de « fond », comme a été l'étoffe noire de 1860 à 1870 ; le travail prend alors ce caractère durable qui est la sauvegarde de l'ouvrier.

L'erreur bien excusable du tisseur lyonnais, qui poursuit à côté de la chimère du tarif immuable d'autres impossibilités, telles que celles de frapper d'une taxe les étoffes fabriquées dans la campagne, ou bien d'établir une marque municipale qui crée une sorte de privilège pour les étoffes fabriquées dans l'intérieur de Lyon, son erreur, disons-nous, c'est de ne point comprendre qu'il faut opter. On ne peut être à la fois indépendant des patrons, et ne pas en subir les conséquences. Le tisseur lyonnais travaille sous le régime de la liberté absolue ; il n'est point un ouvrier d'usine, il s'en vante ; pour rien au monde il ne voudrait abdiquer sa liberté. C'est une sorte d'artiste, il aime mieux garder son indépendance, lutter contre le fabricant, traiter avec lui de puissance à puissance, être maître de son modeste atelier, plutôt que de goûter la sécurité du travailleur d'usine. Mais si pendant des périodes assez longues, le chef d'atelier tisseur a pu amasser de l'aisance, devenir propriétaire (car il est à remarquer qu'une partie des immenses maisons de la Croix-Rousse sont possédées en commun par pièces ou par étages par les tisseurs), à d'autres moments sa liberté devient singulièrement périlleuse. Il épouse toutes les chances bonnes ou mauvaises, il ne dépend de personne, mais en revanche le patron ne contracte aucune obligation précise envers lui ; il fait partie d'un stock flottant d'outils et de bras qu'on emploie ou qu'on délaisse, selon l'état des affaires.

Cette organisation antique peut-elle durer ? On entrevoit ses merveilleux côtés ; elle donne l'indépendance au travailleur, elle maintient la famille, elle stimule l'esprit d'invention, elle donne un appui et une sécurité considérable au fabricant. Est-elle tout à fait condamnée ? On ne peut se résigner à le croire. Certes il faut faire la part de l'inévitable. Le métier mécanique ne reculera pas, au contraire ; il s'appliquera à un nombre d'articles de plus en plus grand. Le travail à la campagne est un grand bienfait ; pendant que notre tisseur souffre, les nombreux métiers épars dans la région qui nous entoure, ont mis l'aisance dans ces familles qui ayant tour à tour pour les nourrir la terre et l'industrie, peuvent ainsi faire face au mal cruel du chômage. Le rapporteur du concours régional de 1885, tenu à Lyon, a constaté que le travail de la soie répandu dans nos campagnes, avait été par les ressources qu'il rapporte, l'une des causes déterminantes des grandes améliorations constatées dans l'agriculture du Rhône.

Peut-on dépouiller nos campagnes de cet avantage naturel ? peut-on empêcher la science de faire son œuvre sans cesse inachevée ? Ce sont bien là les lois d'airain, contre lesquelles on ne peut rien, mais le tisseur urbain n'en représente pas moins une valeur précieuse qu'il faut ménager. Cette valeur est considérable ; personne ne nie que le tisseur lyonnais ne soit le premier en son genre ; son habileté est extrême, nul autre que lui, appuyé sur sa tradition de près de cinq siècles, ne peut produire ces étoffes splendides qui ne sont pas la quantité, mais qui sont la qualité, qui créent la réputation et qui sont comme l'enseigne brillante de la fabrique lyonnaise dans le monde.

En outre, le tisseur lyonnais s'associe aux créations du patron ; la Croix-Rousse est pour le fabricant, comme un immense laboratoire d'essais, placé sous sa main. On ne saurait croire ce qu'il faut créer d'échantillons pour arriver à trouver l'article qui doit plaire dans la saison prochaine. Ces échantillons doivent être faits promptement, dans le milieu propice de la ville ; ce n'est point au métier paysan ou bien au métier mécanique qu'on pourra jamais demander la souplesse et l'esprit ingénieux du canut. Il n'est point rare de voir dans ces ateliers minuscules cinq ou six fabrications différentes qui sont menées de front. Le jour où on laisserait s'éteindre cet actif foyer de créations industrielles qui s'appelle la Croix-Rousse, une faute morale serait commise ; mais il y aurait en même temps une faute d'intelligence industrielle qui pourrait entraîner la décadence de Lyon. Encore une fois, pouvoir tout faire et bien faire, c'est l'originalité et la force de la fabrique lyonnaise, et c'est le résultat de l'effort commun du patron et du tisseur urbain ; ils sont solidaires.

A coup sûr, les difficultés sont grandes, le fabricant ne se maintient que par des prodiges d'économie et d'activité. Mais on pourrait lui rappeler les observations fort justes que M. Louis Reybaud lui adressait en 1859 « l'organisation de la fabrique couvre trop le fabricant et laisse trop l'ouvrier à découvert. » On peut entrevoir deux réformes possibles. Il semble qu'à Lyon, le fabricant use trop librement de l'outil-

lage de l'ouvrier. Nous avons signalé ce travail d'échantillon-
nage fait par le tisseur et qui est si précieux pour le fabricant.
Ce travail est payé seulement en promesses de façons, c'est-à-
dire que si l'article cherché par l'échantillon, aboutit à une
commande, l'ouvrier l'exécute; si l'essai a été inutile, l'ouvrier
a perdu son temps. Même lorsque la production d'un échantillon amène du travail à l'ouvrier, il faut que ce travail
s'étende à plusieurs pièces, autrement l'ouvrier risque encore
de faire une besogne trop mal rémunérée. En effet, pour beaucoup d'articles nouveaux, il faut ce qu'on appelle de nouveaux
« montages » ou appareillages de métiers. Ces montages
coûtent parfois jusqu'à 80, 100 francs et au delà, pour exécuter
une pièce dont la façon totale ne dépasse pas en moyenne
100 à 150 francs. Si l'article réussit et alimente pour longtemps le métier, ces frais de premier établissement peuvent
être récupérés à la longue, mais s'il ne se produit qu'une ou
deux pièces, la main-d'œuvre reste trop maltraitée. Il est vrai
de dire qu'en principe une indemnité est due, mais en pratique le fabricant s'en affranchit le plus souvent en inscrivant
sur le livret de l'ouvrier, ce qui forme contrat, la mention :
« Sans garantie de montages. » C'est user trop rigoureusement
du droit, que de transformer ainsi le tisseur en agent d'expérience gratuite. Nos maisons de fabrique pourraient passer
chaque année, quelques milliers de francs à leurs frais généraux, pour payer les échantillons et les « montages » d'articles
nouveaux, afin de parer aux cas où les façons obtenues
n'indemniseraient pas suffisamment le tisseur. En entrant
ainsi dans la voie de la participation d'outillage elles rendraient
un service énorme à leurs collaborateurs de la Croix-Rousse
et à elles-mêmes.

Et enfin, ne peut-on point calmer, en quelque mesure, la grande inquiétude de l'ouvrier, qui est le manque de suite dans le travail? Cela est plus difficile; les caprices de la mode sont devenus de plus en plus brusques, c'est de l'art commercial que de savoir s'assurer les consommations constantes, mais est-il impossible de réserver aux tisseurs urbains les articles de production continue, et de rejeter à la campagne ceux qui sont les plus incertains? La permanence dans les engagements est la clef de voûte des bons rapports entre patrons et ouvriers. La fabrique de Lyon, par humanité comme par intérêt, doit la préférence à ses collaborateurs d'élite, et doit savoir accomplir quelques sacrifices en leur faveur. On ne saurait oublier qu'il ne se forme plus d'apprentis à la Croix-Rousse. On s'en aperçoit au moment actuel, où il y a pour Lyon le plus heureux retour vers la fabrication d'art et de nouveauté dont il a le monopole; la pénurie des bras en arrête le grand essor. Pour ses œuvres supérieures, cette noble industrie de la soie, dont après l'Italie nous gardons la tradition orientale, n'est plus représentée dans le monde que par les quelques milliers de tisseurs retranchés sur le plateau de la Croix-Rousse. Ne pas s'attacher à les faire vivre, serait un recul de civilisation. Ces bons ouvriers sont âgés; au train rapide des choses, il ne serait point surprenant qu'avant vingt ans, la fabrication d'un beau lampas, d'un velours ciselé, ou d'un drap d'or, devint une curiosité historique entretenue coûteusement par l'État, comme celle des Gobelins. Et alors Lyon ne serait plus que le centre banal d'une industrie découronnée.

Conclusion.

Pour terminer ces quelques observations et afin de les résumer, nous devons tout d'abord reconnaitre, qu'après tant de fortunes diverses, après avoir été mis au bord de la ruine il y a un siècle à peine, Lyon atteint actuellement le plus haut point de sa puissance laborieuse. L'œuvre sociale y avait été fortement construite. Malgré l'immigration incessante qui tend à dénaturer le vieux Lyon, cet esprit traditionnel, de formation chrétienne et démocratique, où dominent ensemble l'envie et la pitié, le sentiment moral et le goût du nivellement intellectuel, subsiste encore. L'esprit de Lyon parait si étrange et si compliqué à ceux qui n'en sont point imprégnés, qu'ils seraient tentés de lui appliquer la pensée de Catulle :

> Odi et amo. Quare id faciam fortasse requiris
> Nescio; sed fieri sentio et excrucior.

Il vaut mieux l'aimer pour le bien qu'il fait encore. Nos pères nous ont transmis ce qu'ils ont fait de noble et de fort, mais il n'est que vrai de dire que pendant ce siècle, et par la génération actuelle, ce patrimoine de biens a été conservé et très largement accru. Le vieil esprit de charité a pris des formes nouvelles; de la conception un peu étroite de l'aumône et du soulagement matériel, il s'est élevé à la lutte contre la misère par la prévoyance et par l'enseignement pratique. Les associations de toute nature ont pris, surtout depuis vingt ans, un essor considérable; il n'y a plus qu'un petit nombre de nos concitoyens qui ne tiennent point à une association quelconque, ce qui les laisse moins isolés dans la vie et leur apporte quelque soutien aux jours difficiles. L'énergie pour le bien n'est pas abattue, car aucune année ne se passe sans voir éclore quelque institution se proposant un but d'intérêt général.

L'organisation générale de notre travail est bonne en ce sens, que nous sommes sous le régime des industries divisées, moins dangereuses dans leurs mouvements que les industries trop concentrées. Les patrons traitent leurs ouvriers avec humanité, et dans l'industrie principale de la soierie, qu'il nous est plus facile d'apprécier et de comparer par l'histoire, les habitudes commerciales sont assurément bien meilleures que celles des devanciers; diverses pratiques fâcheuses tenant de l'abus et de l'oppression ont disparu, soit par le fait du patron, soit par la plus grande liberté de défense de ses droits concédée à l'ouvrier en vertu de lois récentes.

Notre témoignage ne peut être que très favorable à nos classes ouvrières sédentaires; celles qui tiennent au sol ont un fond de moralité auquel on peut toujours faire appel. La classe intermédiaire, celle qui s'élève et où se recrutent le petit patron et l'employé est remarquable; elle s'instruit sans relâche et lutte avec une énergie et une intelligence véritables. C'est peut-être notre meilleur élément, mais il ne supplée point à la haute direction.

Ceux à qui incombe cette lourde tâche ont à ne point se lasser d'apprendre, d'aimer leur métier, d'y voir leur carrière et non l'instrument d'une rapide fortune, de saisir les moyens de gagner l'influence sociale. Nous sommes de ceux qui estiment que les maux viennent beaucoup plus des fautes d'en haut, que de celles d'en bas. Trop d'hommes éclairés sont injustement écartés des affaires publiques; mais la plus haute fonction peut-être de ces temps ne leur en reste pas moins, à savoir le gouvernement du travail; et toutes les œuvres de l'initiative privée et de la bienfaisance restent leur honneur et leur charge naturelle. Qui ne peut trouver là un emploi assez beau de sa vie? Déjà l'oisiveté nous nuit, sous prétexte que les carrières sont encombrées. Cependant le monde du travail est sans limites; ce sont les hommes capables qui manquent aux affaires, et non les affaires qui manquent aux hommes. Les travaux de l'industrie, du commerce, de la finance sont comme une gymnastique constante pour l'esprit; ils le tiennent en éveil, tandis qu'il sommeille dans tant d'autres carrières plus réputées. Est-il permis de rappeler que les républiques marchandes de l'Italie et de la Hollande ont formé un sol favorable à l'épanouissement des plus belles œuvres de l'esprit humain? Si l'oisiveté ou l'encombrement des carrières libérales, avaient pour compensation de vouer une élite aux œuvres de l'esprit et de relever le niveau intellectuel en province, il n'y aurait qu'à applaudir. Mais nous savons à Lyon ce que vaut l'*otium cum dignitate*. La vie littéraire n'y déborde pas plus que la vie artistique. La création d'une Université pourrait nous rendre les plus éminents services, si elle donnait plus d'étendue d'esprit à nos jeunes gens, tout en ne les détournant pas du travail professionnel et régulier, auquel l'immense majorité des hommes est appelée.

La vie d'un peuple tient surtout à deux éléments : une poignée d'hommes supérieurs dans le gouvernement, la science, l'art, les lettres; et une foule de bons travailleurs dont la capacité doit sans cesse s'élever. Certes les avocats, les médecins, les professeurs, forment une élite; mais à moins qu'ils ne s'attachent tout entiers à la politique, ce n'est point leur action qui perdra ou sauvera le pays. Le grand problème et la grande tâche de nos temps démocratiques sont d'améliorer le le sort de l'homme par le travail rendu plus intelligent. C'est la valeur et la moralité du financier, de l'industriel, du commerçant, de l'agriculteur, de l'ouvrier, qui décideront de la bonne solution du problème et de la fortune de la France. C'est pourquoi il est vivement à souhaiter que des Universités régionales, tout en créant des spécialités éminentes et utiles, contribuent, surtout dans les grandes villes laborieuses, à la formation d'un esprit général, qui soit favorable au relèvement des professions. L'enseignement public de notre époque a autre chose à faire que de fabriquer des hiérarchies intellectuelles; à tous ses degrés, il doit tendre à ennoblir le travail de la nation.

Notre état industriel et commercial est solide, grâce à la richesse et à la force acquises, à l'économie et au bon sens qui dominent. Notre Industrie séculaire reste prééminente. Deux périls la menacent : la politique protectionniste, et l'état précaire de la population ouvrière urbaine. La politique de protection douanière ne cesse d'entraver cette belle industrie, qui a le droit plus que tout autre d'être qualifiée d'industrie nationale, puisqu'elle est la seule qui puisse alimenter à la fois le marché intérieur et le marché extérieur, et qui vive non seulement sans aucun droit de douane à son profit, mais voit encore, par une exception inique, ses matières premières, la soie italienne et les filés de coton, frappées au bénéfice des filateurs du Midi et du Nord.

Quant à nos ouvriers-chefs d'atelier qui gardent dans la ville les traditions et la science technique qui donnent la suprématie à notre fabrique, autant il serait chimérique de rétablir les 50,000 métiers *intra muros* qui conféraient à une seule classe de la population cette prépondérance dangereuse qui s'est révélée en 1831, 1834 et 1848; autant il serait funeste de ne pas savoir conserver précieusement ces quelques milliers de tisseurs de la Croix-Rousse, dont nous avons reconnu les excellentes qualités. Encore une fois, il y a envers eux un devoir à remplir, et un intérêt à ménager; et ne serait-on point de la sorte de la bonne économie sociale?

Il nous semble que l'économie sociale consiste surtout à reconnaitre et à pratiquer les devoirs sociaux; l'intérêt lui-même peut s'en bien trouver. Si le patron n'oublie jamais qu'il y a un lien moral entre l'ouvrier et lui; s'il fait une petite place dans ses calculs au lendemain de son collaborateur manuel; s'il pense que tout ne finit point avec un salaire payé, et que tout ne s'excuse pas par les exigences de la concurrence, il tempérera un peu cette fièvre de production incohérente qui nous dévore tous. Peut-être qu'en se préoccupant d'assurer, dans la mesure du possible, un travail permanent et régulier à celui qui emploie, il se trouvera assurer davantage sa propre sécurité. De son côté, l'ouvrier ne se soucie point de son devoir social, lorsqu'il est injuste et violent envers celui qui doit accomplir la terrible tâche de lui procurer du travail au prix de tant de risques et pour des profits qui tendent constamment à se réduire; et il est aveugle, lorsqu'il ne veut pas voir que les vrais moyens d'améliorer son sort sont dans la tempérance et dans cette prévoyance dont les merveilleux instruments, l'une des belles inventions du siècle, sont maintenant mis à sa portée. Qu'on y ajoute toutes les institutions libres de charité, de bienfaisance, d'assistance pour parer, sans contrainte légale, à l'accident et à la vieillesse; et la société ayant fait son devoir, nous n'aurons point à subir les injonctions du socialisme d'État.

L'erreur serait de croire qu'en économie sociale, on peut se contenter de la simple justice, c'est-à-dire de l'observation stricte de lois économiques qu'on croit inexorables. Les lois économiques sont certaines et doivent être obéies; elles règlent par la liberté et soumettent à une concurrence nécessaire les mouvements du travail humain. Mais ces lois ne sont que le résultat de l'expérience et de l'observation, qui les découvrent comme le meilleur moyen de développer et de féconder le travail; elles ne sont point inviolables à la manière des grandes lois physiques. Si elles sont fondées sur la nature, on peut répéter à leur propos le mot de Bacon sur l'art: c'est que pour les appliquer, l'homme doit s'ajouter à la nature. Lois non écrites et dépourvues de sanction apparente, elles doivent être suivies par chacun en interrogeant une conscience mise en présence de Dieu. User d'un homme et user d'une machine seront des choses éternellement différentes aux yeux de la morale; il n'est point de lois fatales, naturelles, ou à plus forte raison, économiques, qui puissent autoriser celui qui emploie à ne pas remplir son devoir envers celui qu'il emploie. L'économie sociale ne serait qu'une statistique raisonnée si elle ne s'appuyait point sur ces principes. Pour nous, en fondant le travail affranchi sur le spiritualisme, en réclamant la part de la conscience et de la pitié dans la lutte des intérêts matériels, nous ne faisons que suivre la plus ancienne et la plus haute des traditions lyonnaises. Arrivés au point dangereux de civilisation où nous sommes, avec toutes nos richesses, nos sciences, nos lois, humaines et justes dans leur généralité, nos libertés entières, il n'y a point à regretter le passé ou à se jeter au-devant d'un avenir chimérique. Il ne reste plus une révolution à faire, si ce n'est la révolution morale, qui peut seule faire lever de nouveau sur nous l'immense et splendide aurore de justice, d'humanité, et de paix, que nos pères ont entrevue en 1789.

NOTE RECTIFICATIVE

LES quelques pages qui précèdent étaient écrites avant l'ouverture de l'Exposition universelle. L'examen attentif de la section lyonnaise des soieries nous contraint à une heureuse rectification. Tout en proclamant la supériorité évidente de notre fabrique, nous avions cru devoir formuler quelques réserves, au point de vue de l'originalité de ses conceptions artistiques. Ces réserves doivent être notablement atténuées, en présence de ce que l'Exposition vient de révéler. Pendant ces dernières années, nos fabricants ont fait un énergique effort, et tout en vivant à côté d'eux, nous n'avions pu, avant de voir l'ensemble de leurs produits, mesurer toute leur puissance de renouvellement. Il est incontestable que les superbes étoffes, si variées et de séductions si diverses, exposées dans la section lyonnaise, témoignent un progrès considérable dans le dessin, la composition, et surtout dans le coloris. Il ne serait pas tout à fait juste d'assurer qu'en ce qui touche la valeur d'art notre fabrique est dès à présent à la hauteur qu'elle occupait au XVIIIᵉ siècle; mais on peut affirmer, que tout en accomplissant l'énorme tâche de se transformer en grande industrie, elle a pu progresser largement dans l'art et dans le goût et regagner une très grande partie de terrain perdu de ce côtés, depuis le commencement du siècle. Nos fabricant d'étoffes artistiques et de haute nouveauté et leurs excellent collaborateurs-ouvriers, font grand honneur en ce moment à la Ville de Lyon. Ils remportent à l'Exposition universell un succès tout à fait éclatant et de bon aloi, qu'on est trop heureux de reconnaitre et de saluer de tout cœur.

LYON. — IMP. P. MOUGIN-RUSAND.

ARTE ET LABORE
MR

www.ingramcontent.com/pod-product-compliance
Lightning Source LLC
Chambersburg PA
CBHW061251060726
47596CB00002B/546